Sich selbst behaupten

ECON Ratgeber
Lebenshilfe

Paul Hauck

Sich selbst behaupten

Innere Barrieren überwinden lernen

ETB
ECON Taschenbuch Verlag

Dieses Buch ist den vielen unglücklichen Menschen gewidmet, denen es nur selten gelang, ihr Leben so zu kontrollieren, daß ihnen die mögliche Zufriedenheit zuteil wurde, und meinen Freunden aus Zagreb.

Im ECON Taschenbuch Verlag sind von Paul Hauck außerdem erschienen:
Glück im Ehealltag (ETB 20289)
Lieben und geliebt werden (ETB 20308)
Wer wird denn gleich in die Luft gehen? (ETB 20316)
Erziehungsprobleme mit Kindern (ETB 20338)
Eifersucht (ETB 20351)

CIP-Titelaufnahme der Deutschen Bibliothek

Hauck, Paul:
Sich selbst behaupten: innere Barrieren überwinden lernen / Paul Hauck.
(Aus d. Engl. übers. von H. u. G. Klein).
Dt. Erstausg. – Düsseldorf: ECON Taschenbuch Verl., 1988
(ETB 20369: ECON Ratgeber: Lebenshilfe)
Einheitssacht.: How to stand up for yourself ‹dt.›
ISBN 3-612-20369-X

Deutsche Erstausgabe
August 1988

First published in Great Britain in 1982 by Sheldon Press, SPCK, London.
Titel des englischen Originals:
How to stand up for yourself
Umschlagentwurf: Ludwig Kaiser
Titelfoto: studio renson
Aus dem Englischen übersetzt von M. und G. Klein
Satz: ICS Communikations-Service GmbH, Bergisch Gladbach
Druck und Bindearbeiten: Ebner Ulm
Printed in Germany
ISBN 3-612-20369-X

Inhaltsverzeichnis

Einleitung

Nachdem ich in einigen Büchern verschiedene Aspekte behandelt habe, die zur seelischen Gesundheit beitragen, schien mir, daß alles zu dem Thema gesagt sei. Es gibt jedoch noch ein wichtiges Gebiet, das ausgelotet werden muß, weil eine Reihe von Problemen der Psyche und der Persönlichkeit dort ihren Ursprung haben. Es dreht sich darum, das eigene Leben in den Griff zu bekommen und zu kontrollieren. Wer das unterläßt, legt sich eine endlose Reihe von inneren Konflikten, Unglücklichsein und Neurosen zu. Die schlimmste Konsequenz ist die psychische Sklaverei, die Abhängigkeit von allem und jedem. Die Rede ist von der schwerwiegenden Qualifikation, die unreife von reifen Menschen unterscheidet, nämlich dem Vermögen, sich selbst zu behaupten und durchzusetzen. Wenn Sie nicht die Fähigkeit oder den Willen haben, für Ihre Vorstellungen einzutreten, läuft Ihnen Ihr Leben wie Sand durch die Finger, während Sie anderen überlassen, an den Fäden zu ziehen und Sie wie eine Marionette tanzen zu lassen.

Was ist so wichtig daran, diesen Zustand zu verhindern? Weil er Sie so sicher wie das Amen in der Kirche unglücklich macht, genau wie ein Dasein ohne Freunde. Es ist Ihre Aufgabe im Leben, Ihre Talente weitmöglichst auszuschöpfen und unnötige Schmerzen zu vermeiden. Natürlich vollzieht sich die Entwicklung zum reifen und fähigen Menschen nicht schmerzlos, aber das sind Wachstumsschmerzen, die zum Reifeprozeß gehören. Wenn Sie es dann geschafft haben und über gewisse Fähigkeiten verfügen, sei es im Geschäftsleben, auf dem Gesellschaftsparkett, beim Kochen oder Tennis spielen oder was Ihnen sonst liegt, wird ein

Zustand der Zufriedenheit bei Ihnen einkehren, der Ihnen nicht zuteil wird, wenn Sie ein ängstliches Kind in einem erwachsenen Körper sind.

Um seine eigenen Möglichkeiten und Fähigkeiten voll auszuschöpfen und das Erdendasein ausgiebig zu genießen, ist es notwendig, die eigenen Belange aktiv zu verfolgen. Man kann keinen Seelenfrieden erwarten, wenn man anderen die Entscheidungen über das eigene Leben überläßt. Wer dagegen sich und seine Vorstellungen behauptet und für sie eintritt, kann mit einem Schlag Schuldgefühle abschütteln, Ängste und Wut überwinden. Das erfordert allerdings strenge Selbstdisziplin.

Auf den folgenden Seiten will ich verdeutlichen, mit welchen Manövern die Selbstbehauptung umgangen oder abgeschwächt wird, welche psychologischen Folgen dies hat und wie jeder eine ruhige Stärke erreichen kann, die die anderen nicht nur aufhorchen läßt, sondern einem selbst die nötige Rückendeckung verschafft, ohne daß man laut oder aggressiv aufzutreten braucht.

So ein netter Mensch

Er war in meine Praxis gekommen und hatte mich vor die größte Herausforderung meines Lebens gestellt. Vor mir am Schreibtisch sitzend, beugte er sich beschwörend vor und sagte: »Ich möchte, daß Sie einen neuen Menschen aus mir machen. Ich kann mich nicht leiden. Ich mochte mich noch nie. Nichts an mir paßt mir. Mir gefällt nicht, wie ich spreche oder wie ich gehe, und am wenigsten, wie ich auf Menschen reagiere. Ich fühle mich ihnen so unterlegen, daß ich mich von allen Leuten mißbrauchen und ausnehmen lasse. Ich möchte so wahnsinnig gern beliebt sein, daß ich es erdulde, wenn sie über mich lachen, mich übervorteilen, sich Geld von mir pumpen, sich spazierenfahren lassen und sich bei mir zu Partys einladen. Sie überfallen mich, fressen alles leer wie eine Heuschreckenplage und verziehen sich dann. Ich bringe nicht den Mut auf, von ihnen von Zeit zu Zeit eine Kostenbeteiligung zu verlangen. Ich traue mich auch nicht, sie zu bitten, in ihre Geselligkeit mit einbezogen zu werden, wenn sie meine Wohnung verlassen. Alle tanzen mir auf der Nase herum. Und ich quäle mir bei jeder Beleidigung und Zurücksetzung ein Lächeln ab, als würde ich sie genießen und mehr davon verlangen.«

Dieser Bursche war ein erfolgreicher Geschäftsmann. Beim Umgang mit seinen Angestellten zeigte er Selbstvertrauen und Intelligenz. Wo es sich aber um sein gesellschaftliches Auftreten handelte, überschlug er sich vor Nettsein. Das sollte ich ihm abgewöhnen. Wenn möglich, ist meine Therapie darauf ausgerichtet, in der kürzesten Zeit soviel Erleichterung wie machbar zu verschaffen. In Bills Fall gelang mir das nicht. Seine Probleme waren so tief verwurzelt, daß ich Monate brauchen würde, ehe sich in seiner Persönlichkeit irgendwelche Veränderungen zeigen würden.

Bill war von seinen Eltern wiederholt abgekanzelt worden, als er heranwuchs. Sie kritisierten ihn nicht nur streng, wenn ihm Fehler unterliefen, wie sie bei Kindern normal sind, sondern seine guten Leistungen übergingen sie schweigend. Das Resultat war, daß er sich bei dieser Behandlung immer ungenügend und untüchtig vorkam. Die Minderwertigkeitsgefühle führten zu großer Schüchternheit.

Anderen Menschen ins Gesicht zu schauen fiel ihm sehr schwer. Bei einer Gelegenheit fragte er: »Warum kann ich das nicht? Was haben meine Minderwertigkeitsgefühle damit zu tun, daß ich anderen nicht in die Augen blicken kann?«

»Ich vermute, Sie meinen, daß die anderen Sie nicht durchschauen können, wenn sie Ihnen nicht in die Augen sehen, Bill«, antwortete ich.

»Aber was würden sie meiner Meinung nach denn erkennen, sofern sie in mich hineinschauen könnten?«

»Abfall, Böses, Wertloses.«

Er überdachte die Antwort eine Weile und senkte den Kopf auf die verschränkten Arme auf dem Schreibtisch, sprachlos, verzweifelt und um Fassung ringend.

Bills Entwicklung durchlief einige Höhen und Tiefen im folgenden Jahr, aber er erwies sich als gelehriger Schüler. Er begann allmählich, ein menschliches Wesen zu werden, anstatt eines Mülleimers. Er widmete sich einem Persönlichkeitsförderprogramm, auf das jeder Psychotherapeut hätte stolz sein können. Zuerst trat er einem Sportverein bei und trainierte mit Gewichten. Aus einem schwammigen, dicklichen Körper machte er einen wesentlich schlankeren und muskulöseren. Das wirkte sich vorteilhaft auf seine Haltung und seinen Gang aus. Er nahm die Schultern zurück, hob den Kopf, und seine vormals trippelnden Schritte wurden ausgreifend und federnd.

Nachdem er seinen Körper in Form gebracht hatte, verlegte er sich auf Sport, erst Radfahren, dann Tennis spielen und schließ-

lich Skilaufen. Ich traute meinen Augen kaum, wie schnell er sich von einer Woche zur anderen verbesserte.
Seine Kleidung bekam einen modischen Einschlag. Vor der Therapie hatte er unauffällige Sachen gewählt, ohne Schnitt und Stil sowie so farblos wie möglich. Nun studierte er Modejournale und experimentierte mit Stilrichtungen und Farben, was anfänglich zu einigen sehr gewagten Kombinationen führte. Doch da er auf die Reaktionen der Umwelt achtete, merkte er bald, was paßte und was zu marktschreierisch war. Als er eines Tages in einem roten Polohemd mit einem Amulett am Hals aufkreuzte, war unübersehbar, welcher Wandel sich mit ihm vollzogen hatte.
Selbst seine Stimme veränderte sich. Sie wurde tiefer und verlor den früheren, weinerlichen Unterton. Es schien, als schälte sich nach und nach eine ganz andere Person heraus, jedenfalls in der äußeren Erscheinung.
Doch hatte er noch nicht gelernt, sich im Umgang mit Frauen zu behaupten. Bei Tanzveranstaltungen fand er sich gegen Ende des Abends allein, weil er sich nicht traute, eine Frau nach einem Tanz zu einem Glas einzuladen oder die Bekanntschaft fortzusetzen. Zwar schmiß er ganze Runden Drinks und meinte, damit bei den Frauen anzukommen, doch diese wandten sich dann den erfahreneren und routinierteren Männern zu, so daß der arme Bill am Ende immer mit leeren Händen dastand. Wieder stand er vor dem Problem seines Lebens: sich vor Nettsein zu überschlagen. Diesem Problem mußten wir zu Leibe rücken, wenn seine Fortschritte weitergehen sollten.
Während des zweiten Jahres der Therapie sah ich ihn seltener, manchmal nur einmal im Monat. Er wußte allerdings, was er tun mußte, und kniete sich mit der ihm eigenen Energie in die Aufgabe, so daß der Tag nicht fern war, an dem er auch innerlich ein anderer Kerl war. Nicht mehr ein Tölpel und Opferlamm, das seine sogenannten Freunde ausnehmen konnten. Bei verschiedenen Gelegenheiten stellte er sich auf die Hinterbeine und gab unmißverständlich zu erkennen, daß die frühere Fußmatte nun Respekt verdiente. So wichtig waren ihm diese Freundschaften nicht mehr, was die Betroffenen schnell erkannten. Und da er

nicht mehr so übertriebenen Wert auf ihre Zustimmung legte, konnte er besser für seine Wünsche eintreten, selbst auf das Risiko hin, Zurückweisungen zu erfahren. Das war der wichtigste Punkt. Nachdem er sich nicht mehr von ihnen in den Würgegriff nehmen ließ, war er frei. Und alles andere ergab sich daraus.

Es kam also der Tag, an dem Bills ursprüngliche Beschwerden gegenstandslos geworden waren. Ihm gefiel sein Aussehen, sein Gang, seine Sprechweise, seine Kleidung und am meisten er sich selbst. Immer ein Gentleman, war er zu den Menschen freundlich, die ihn anständig und mit Respekt behandelten, vergeudete aber seine Zeit und Bemühungen nicht an Leuten, die ihn ausnützen wollten. Für diese Sorte bekam er einen Riecher.

Nun wird nicht jedem Psychotherapeuten eine so erhebende professionelle Erfahrung beschert, zumal sich der eine oder andere manchmal fragen wird, ob er seine Patienten nicht überfordert. Durch Bill habe ich gelernt, daß mit vernünftiger Beratung und großen eigenen Anstrengungen ein tiefgreifender Wandel der Persönlichkeit vollzogen werden kann. Wenn ich später kleinmütig wurde und an der Fähigkeit eines Patienten zweifelte, sich zu ändern, sagte ich mir, daß auch er oder sie es schaffen könnte, wenn es Bill gelungen war. Und das beflügelte mich, mit meinen Bestrebungen weiterzumachen.

Natürlich ist es kein Fehler, wenn man nett ist, aber zu viel Nettigkeit ist für einen selbst und für die anderen ungesund.

Nettigkeit kann Ehen ruinieren

Nur wenige Menschen haben Einwände gegen die Vorstellung, für die eigenen Rechte im Beruf, in der Nachbarschaft, in der Schule, Kirche oder sogar im Bus einzutreten, sei falsch. Falls man sich nicht dagegen wehrt, von anderen herumgeschubst und kommandiert zu werden, werden einem kostenlose Überstunden abverlangt, verschlampen die Nachbarn die geliehenen Werkzeuge, oder man wird im Bus angerempelt. In diesen Annahmen liegt eine Menge Wahrheit.

Warum lassen wir uns dann aber dauernd einreden, wir müßten unseren Partnern nachgeben, wenn wir eine gute Ehe führen wollen? Der landläufigen Meinung nach soll man dem männlichen oder weiblichen Partner gegenüber so liebevoll und großzügig wie möglich sein, wofür man dann vom Partner auf ewig geliebt wird.

Vergessen Sie diese Theorie. Nicht, daß ich etwas dagegen hätte, ein anständiger, liebevoller und wohltätiger Mensch zu sein. Unter reifen Menschen sind gegenseitige Rücksichtnahme und Fürsorge an der Tagesordnung. Eine Welt ohne Menschen, die einander in einer Notlage helfen, wäre nicht mehr lebenswert. Aber parallel zu der Vorstellung, des Bruders Hüter zu sein, muß auch der oder die andere bereit sein, auszuhelfen und für das Gegenüber da zu sein.

Schließlich haben Sie eine Ehe geschlossen, weil Sie erwarteten, mit einem Mann oder einer Frau zusammen glücklicher zu sein als allein. Das ist eine gesunde Motivierung, kann aber auch eine sehr selbstsüchtige sein. Wenn Sie diese Tatsache nicht beherzigen, werden Sie oft ein schlechtes Gewissen haben, weil Sie Ihren Kopf durchsetzen wollen oder werden, besonders, wenn dadurch Ihr Partner frustriert ist, während Sie Befriedigung erlangen.

Je glücklicher und zufriedener jeder Partner ist, desto stabiler ist die Ehe. Wenn Sie es zulassen, vernachlässigt zu werden, während Sie Ihren Partner jeden Wunsch von den Augen ablesen, werden drei Dinge eintreten. Zuerst wird der andere aufblühen und sich zu seiner reibungslosen Ehe gratulieren, ohne zu merken, wie ausgenützt und unbeachtet Sie sich vorkommen, weil Ihre inneren Wunschvorstellungen und Bedürfnisse ignoriert werden. Je länger das weitergeht, desto unglücklicher werden Sie. Sie entwickeln möglicherweise Störungen, Neurosen, Alkoholabhängigkeit und schließlich Selbsthaß. Als zweiten Schritt werden Sie den Partner hassen. Und drittens die Beziehung.

Anstatt also Ihre Ehe zu einer einseitigen Angelegenheit werden zu lassen, sollten Sie sich mit der Tatsache anfreunden, daß auch Sie Rechte haben. Üben Sie auf Ihren Partner den nötigen Druck aus, um ihn zu entsprechenden Änderungen zu bewegen, die

Ihnen ein einigermaßen zufriedenes Dasein gewährleisten. Den Punkt zwischen Überdruß und Zufriedenheit nenne ich den der ziemlichen Zufriedenheit (ZZ). Hier entscheidet sich nämlich die Qualität einer Beziehung. Falls Sie sich nicht die meiste Zeit recht zufrieden fühlen, wird Ihr Unwille und Mißmut mit Sicherheit zunehmen und Ihre Ehe in Gefahr bringen.
An dieser Stelle müssen Sie sich den wichtigen Grundsatz einprägen, daß es nämlich Ihre Aufgabe ist, für ausreichende Zufriedenheit zu sorgen. Wenn Sie dulden, daß sich Ihr/e Partner/in immer die Rosinen aus dem Kuchen pickt und Sie zur Unterordnung zwingt, tun Sie Ihr Möglichstes, um eine gute Beziehung zu zersetzen. Im Gegensatz zur landläufigen Meinung wird eine gute Ehe nämlich nicht durch ständige Opfer auf dem Altar von zuviel Liebe aufgebaut. Durch eine solche unterwürfige Haltung verziehen Sie Ihre Liebsten und machen sich unglücklich. Keine noch so gute Beziehung hält das auf längere Sicht unbeschadet aus.

Nettigkeit behindert Ihre Kreativität

Einer der größten Nachteile, wenn man unbedingt anderen gefallen will, ist die Neigung, sich der Meinung anderer zu bereitwillig anzuschließen. Wenn Sie eine wahrhaft kreative Persönlichkeit sein oder werden wollen, müssen Sie auf ihre eigenen Inspirationen hören. Niemand kann Kunst, Literatur oder neue Ideen ohne den Mut erschaffen, sich von anderen abzuheben. Fast jeder talentierte Kulturschaffende mußte seine Absichten und sein Werk gegen die Kritik anderer durchsetzen. Sie werden der Welt oft entgegenhalten müssen: »Du hast unrecht, ich habe recht!« Arrogant, wie es klingen mag, trifft das für das knospende Talent zu, das sich nicht entfalten kann, ohne sich auf den eigenen Maßstab zu konzentrieren.
Ich habe am eigenen Leib erfahren, wie eng meine zunehmende Selbstbehauptung mit meiner Kreativität zusammenhängt. Ich habe einige Bücher veröffentlicht, schreibe wöchentlich zwei Kolumnen für Zeitungen, halte fünf verschiedene Seminare für

meine Patienten und habe eigene Theorien über die psychologischen Voraussetzungen von Phobien, Liebe, Partnerschaft, Unreife, Depression, Ärger und Kindererziehung entwickelt und erläutert.
Das sind für mich anregende und befriedigende Erfahrungen, noch dazu mit überraschenden Nebeneffekten. Mir war klar, daß ich neue Gedanken ausdrückte, aber daß sie positiv aufgenommen wurden, merkte ich erst, als andere Fachleute mich zitierten und zu Vorträgen in ihren Berufsgruppen einluden. Da wurde mir voll bewußt, daß ich erst dann zu neuen Erkenntnissen befähigt war, als ich mich daran gewöhnt hatte, eine Außenseiterrolle zu spielen und mich eventuell der Lächerlichkeit meiner Kollegen preiszugeben – kurz gesagt, als ich bereit war, für meine persönliche Einstellung geradezustehen.
Was wäre, wenn Edison auf die vielen Spötter gehört hätte, die die Vorstellung, ein Raum könne von einer Birne erhellt werden, lächerlich fanden? Oder Henry Ford, dem von den Mitmenschen geraten worden war, doch ein Pferd zu nehmen, die aber später gern sein Model T fuhren?
Wenn Sie etwas Markantes tun wollen, hören Sie nicht auf die Defätisten. Lassen Sie sich statt dessen von denen aufmuntern, die optimistisch und hoffnungsfroh sind und noch Träume haben. Eine neue Idee abzulehnen, ist kein Risiko für die, die immer auf Nummer Sicher gehen. Wenn Sie Neuland betreten, setzen Sie sich ganz natürlich dem Spott und Gelächter Ihrer Mitmenschen aus. Deshalb urteilen die weniger Wagemutigen auch immer so selbstgerecht und borniert.
Wir alle kennen Beispiele für epochemachende Entwicklungen, die von mutigen Denkern angebahnt wurden. Doch wie läßt sich so etwas auf das Alltagsleben übertragen? Ist es da wichtig, abweichende Meinungen zu vertreten? Und ob! Bill kam dahinter, als er seine Persönlichkeit verbessern wollte. Zuerst meinten viele seiner Freunde, er übertreibe, als er sich professionelle Hilfe für seine Transformation suchte. Aber zum ersten Mal in seinem Leben setzte er sich über ihre Einwände hinweg. Hätte er dem moralischen Druck der Gruppe mit einem Achselzucken und

einem schafsköpfigen Grinsen nachgegeben, hätte das das Ende seines Selbstentwicklungsprogramms bedeutet.

Nun mögen Sie fragen, warum Sie gesteigerten Wert darauf legen sollen, anstatt der von Ihrer Mutter vorgeschlagenen beigen Vorhänge rote aufzuhängen. Gute Frage. Ihr Wunsch ist berechtigt, weil Sie es so haben wollen. Warum soll man immer davon ausgehen, daß die Ideen von anderen automatisch besser sind als die eigenen? Ob Sie recht haben, werden Sie erst genau wissen, wenn Sie probiert haben, die Dinge auf Ihre Weise zu erledigen. So entwickelt man Fähigkeiten und Talente. Lassen Sie sich nicht von Ihren Mitmenschen Ihre Vorstellungen ausreden. Was macht es, wenn Sie ein wenig eingebildet werden. Warum sollen sich nicht auch 50 Millionen Fliegen irren? Schieben Sie Ihr Design, Ihre Musik, Ihre Farbe, Ihr Lieblingsaroma, Ihre Ideen in den Vordergrund und schauen Sie, was daraus wird. Wenn nichts Besonderes passiert, haben Sie nichts verloren. Aber gesetzt den Fall, Sie sind auf eine neue Kombination gestoßen, die noch niemand erdacht hat und die Ihnen und anderen gefällt. Dann sehen Sie deutlich, was Sie fertiggebracht haben. Etwas Neues ist entstanden, weil Sie sich nicht darum kümmerten, ob Sie damit Kritik und Mißfallen von anderen herausforderten. Sie hatten beschlossen, Ihren Impulsen frei nachzugeben, und sehen Sie, was Sie erreicht haben!

Wenn Sie sich durch andere von Ihren Vorhaben abbringen lassen, schlüpfen Sie in eine untergeordnete Rolle. Die anderen werden dann Ihr Haus für Sie auswählen, Ihnen Farbenwahl und Möbelierung diktieren. Sie fördern ihre Talente auf Ihre Kosten und nehmen Ihnen die Gelegenheit, Ihre eigenen Fähigkeiten zu testen. Nun mögen Sie einwenden, es sei keine große Sache, wenn andere Ihr Zimmer einrichten. Dann versetzen Sie sich aber in die Lage der jungen Frau, die von den Flitterwochen heimkehrt und feststellen muß, daß ihre Mutter in ihrer Abwesenheit das Schlafzimmer völlig umgekrempelt hatte. In diesem Moment, als sie völlig geschlagen war, gab es bei diesem sonst immer willfährigen Mädchen einen Knall. Sie zog sich in eine psychotische Starre zurück, verlor jeden Kontakt mit der Welt und mußte wie ein

Kind umsorgt werden. Sie rollte sich wie ein Baby zusammen und sprach jahrelang kein Wort.
Das ist ein extremes Beispiel, aber so kann es einem ergehen, wenn man zu anderen immer nur nett sein will und die eigenen Fähigkeiten, Wünsche und Entwicklungsmöglichkeiten konstant vernachlässigt. Sich vor Nettigkeit zu überschlagen, ist ein Bärendienst.

Mit Nettigkeit verzieht man die anderen

Sie wissen doch, was passiert, wenn Sie Ihre Beine nicht mehr benützen? Sie verkümmern langsam aber sicher. Unweigerlich kommt dann der Tag, an dem sie Sie nicht mehr tragen. Diese Beobachtung wurde verschiedentlich bei angeblich verkrüppelten Bettlern gemacht, die damit Mitleid schinden wollten.
Mit Ihrem Charakter verhält es sich nicht viel anders. Wenn Sie von jemandem Ihr Leben lang verhätschelt werden, verlieren Sie natürlich jedes bißchen Selbstsicherheit und werden sich schließlich vor allem Unbekannten fürchten. Dabei sollte man das Gegenteil annehmen, oder? Stimmt aber nicht. Wenn immer alles nach Ihrem Kopf geht, schwächt das Ihre Widerstandskräfte so, daß Sie am Leben verzweifeln, so bald es frustrierend wird. Väter und Mütter, die ihre Kinder in Watte packen, tun ihnen damit auf Dauer gesehen nichts Gutes.
Das ist vermutlich das überzeugendste Motiv für die Selbstbehauptung: die Gesundheit derer, die wir lieben. Wie können wir unsere Liebe besser beweisen, als wenn wie der/s Geliebten Zurückweisung und Feindseligkeit sehenden Auges riskieren? Wer einen anderen Menschen ehrlich liebt, wird jedes Verhätscheln und Verziehen vermeiden.

Richard, das Einzelkind

Richard ist ein junger Mann, das angebetete einzelne Kind von wohlhabenden Eltern, die ihn Zeit seines Lebens mit Liebe und Geld überschüttet haben. Besonders die Mutter konnte nicht genug tun, ihn zu verwöhnen, und es war ihr bewußt.

Hatte der Junge eine schwierige Hausaufgabe, half die Mutter. Anstatt ihm irgendwelche Arbeiten abzuverlangen, gab sie ihm ein großzügiges Taschengeld. Er brauchte nicht einmal sein Bett zu machen. Der Vater protestierte gelegentlich gegen die Verweichlichung, war aber ein zu passiver Mensch, um einen Aufruhr zu riskieren, und so ließ er seine Frau all die Jahre den Jungen hemmungslos verziehen.

Das Arrangement funktionierte, bis der Junge aufs College ging. Immer wieder kam er mit dem Geld nicht zurecht und rief zu Hause verzweifelt an und verlangte einen Zuschuß. Nun, was sollten brave Eltern anderes machen, als einen Scheck ausschreiben. So war die Krise behoben.

Der junge Mann bestand eines Tages die Abschlußprüfung und heiratete bald darauf. Nun traten neue Probleme auf. Seine Frau war einfach nicht auf das Maß seiner Unselbständigkeit vorbereitet und wollte ihn auch nicht vorn und hinten bedienen. Sie weigerte sich, ihm die Kleider zurechtzulegen, das Bad einzulassen oder ihm den Sonntagskaffee ans Bett zu servieren. Das war für Richard ein echter Schock. Er wußte nicht, wie er mit einer so totalen Zurückweisung und Unfairneß umgehen sollte. Anstatt wie gewohnt am empfangenden Ende zu sitzen, wurde von ihm plötzlich erwartet, sich zum gebenden Ende zu bewegen. Seine Frau hielt es für seine Pflicht, daß er sie ernährte, ihr die Tür aufhielt, ihre Einkaufstüten trug und sie ab und zu mit Aufmerksamkeiten überraschte. Ihre Erziehung war nämlich seiner ähnlich verlaufen, nur daß sie die Sitten auf ihrer Seite hatte. Deshalb fand sie, daß sie mehr Anrechte darauf hatte als er, verwöhnt zu werden.

Ihre Ehe verlief stürmisch. Sie stritten sich unaufhörlich darüber, wer gerade was für wen tun sollte. Es wurde natürlich immer schlimmer, weil beide in der Ehe so behandelt werden wollten wie in ihrer Kindheit. Das konnte nicht gutgehen. Nach zwei Jahren ließen sie sich scheiden und hatten noch immer nicht begriffen, welches Pferd sie getreten hatte.

Größenwahn oder gutes Recht?

Selbstbehauptung ist nicht das gleiche wie Größenwahn. Es gibt keinen Anlaß, sich jedes Mal wie ein Gott zu fühlen, wenn man sich auf die Hinterbeine für die eigenen Interessen gestellt hat. Viel zu viele Menschen halten sich für egoistisch, wenn sie für die Befriedigung ihrer Wünsche sorgen. Denken Sie mal scharf darüber nach, was das bedeutet. Jedes Mal, wenn etwas nicht nach Ihrem Kopf geht, hat sich der oder die andere durchgesetzt. So ist es doch? Doch wie erkennt man den Unterschied zwischen Selbstbehauptung und Größenwahn?

1. Größenwahnsinnige wollen sich immer durchsetzen

Sie verlangen, daß sich alles nach ihnen richtet. Sie verhalten sich häufig wie Tyrannen und Diktatoren. Sie bitten nicht, sondern sie fordern von anderen, daß ihre Wünsche erfüllt werden. Und zwar sofort.

Wenn Sie nicht fordern, daß Ihre Meinung immer siegt, und wenn Sie ohne Groll auch andere leben und gewinnen lassen können, dann brauchen Sie sich keine Gedanken zu machen, ein ekelhafter Egoist zu sein.

2. Größenwahnsinnige verlangen nicht nur Unterordnung, sondern bestrafen Zuwiderhandlungen

Sie züchten Untertanengeist und dulden keine Aufsässigkeit. Eltern neigen dazu in der Kindererziehung, und auch in Partnerschaften trifft man diese Einstellung an.

Ein Vater, dessen Tochter mit beträchtlichem Talent Klavier spielte, wollte ihre Ausbildung so stark kontrollieren, daß sie keinen eigenen Gedanken fassen durfte. Er wählte die Lehrer aus, die Übungsstücke und war auch sonst tonangebend. Er entschied auch über alle anderen Aspekte ihres Lebens, um sie später so berühmt zu sehen, wie er es sich wünschte.

Dieser Vater litt zweifellos unter Größenwahn. Wie hätte er sonst ein Leben führen können, in dem er meinte, alles besser zu wissen? Das Mädchen hatte schließlich einen Nervenzusammenbruch, weil das Zusammenleben mit ihm unerträglich war. Mit diesem Zusammenbruch drückte sie ihren Versuch der Selbstbehauptung aus, eine schwache und verfehlte Art, sich gegen ihn zu wehren.

3. Größenwahnsinnige dominieren andere und fühlen sich überlegen

Und zwar nicht nur manchmal, wie normale Menschen, sondern immer und überall. Um festzustellen, ob Sie zu der Sorte gehören, malen Sie sich Ihr Verhalten in zehn Jahren und vor zehn Jahren aus. Ist der rote Faden der, anderen herablassend und besserwisserisch zu begegnen?

Wir alle verfallen zuweilen in überhebliche Ideen. Wer hätte die eigene Einstellung nicht schon einmal für die einzig richtige gehalten, während die ganze Welt sich irrt? Und wer hätte sich nicht schon einmal die Macht gewünscht, diese Einstellung durchzusetzen? Künstlern und Schrittmachern der Menschheit mag das zustehen, doch für uns normale Sterbliche sind solche Allmachtsfantasien nicht ernst genommene Luftschlösser. Für uns werden sich Wünsche mit etwa der gleichen Regelmäßigkeit verwirklichen lassen, wie wir den Wunschvorstellungen anderer nachgeben. Und so kommen wir schnell wieder auf den Boden.

Wir müssen uns deshalb ernsthaft überlegen, wenn wir bei strittigen Punkten ankommen, ob wir das Recht haben, recht zu haben. Sie sind natürlich nicht diktatorisch, wenn Sie abstrakte Malerei für besser halten als traditionelle. Es steht Ihnen auch zu, ohne als größenwahnsinnig zu gelten, für Ihre gemeinsame Wohnung abstrakte Bilder zu kaufen, sofern Sie Ihrem Partner nicht verwehren, sich alte Meister aufzuhängen, wenn sein Herz das begehrt.

In einer Gesellschaft, die Fairneß propagiert, ist es Ihr gutes Recht, sich mit Ihren Wünschen zum Teil durchzusetzen. Deswegen können Sie sich Schuldgefühle ersparen. So lange Sie Ihren Kopf nicht um jeden Preis durchsetzen wollen, ohne Rücksicht auf die Vorlieben anderer, segeln Sie auf dem richtigen Kurs.

Jeder kann sich ändern

Wenn Sie sich eingestanden haben, daß Sie sich so gut wie immer vor Nettigkeit und Willfährigkeit überschlagen, haben Sie bereits den ersten Schritt getan, um Ihre Persönlichkeit zu ändern. Aber es genügt noch nicht, zu wissen, daß eine Änderung angebracht ist. Der Unterschied zwischen Menschen, die respektiert werden, und solchen, auf denen herumgetrampelt wird, liegt nicht in Lippenbekenntnissen. Die meisten Feiglinge prahlen gelegentlich mit ihrem Mut, genau wie die Helden. Worin unterscheiden sie sich also? Während eine starke Persönlichkeit auch meint, was sie oder er sagt und entsprechend handelt, ist es einem Schwächling damit nicht ernst.

In den folgenden Kapiteln werden Sie lernen, wie man vertritt, was man sagt oder tut. Nach diesen Lektionen brauchen Sie Übungen für das Erlernte, was allmählich Ihr Durchsetzungsvermögen stärken wird. Nehmen Sie aber nicht gleich am ersten Tag Ihren Boß auf die Hörner. Damit würden Sie sich für den Anfang übernehmen. Erst nachdem Sie gelernt haben, den Zeitungsträger oder die auf Ihrem Rasen herumtobenden Schulkinder zurechtzuweisen oder sich beim Hausmeister zu beschweren, können Sie Schritt für Schritt Ihre Fähigkeiten erweitern, um zu einem reifen Erwachsenen zu werden. Langsam aber sicher erarbeiten Sie sich dann in der Praxis die Selbstsicherheit, um es mit Ihren Kollegen und Vorgesetzten und schließlich mit den Ihnen am nächsten stehenden Liebsten aufnehmen zu können. All das wird Ihnen mit der Zeit gelingen, wenn Sie daran glauben, daß die Menschen sich wandeln können, und wenn Sie wissen, wie man sich verändert und was verbesserungsbedürftig ist. Die Patienten, von denen ich exemplarisch berichte, existieren, aber ihre Fälle wurden leicht retuschiert, um ihre Anonymität zu wahren. Was aber stimmt, ist der Kern ihrer Probleme und wie sie mit ihnen umgegangen sind. Wie ich bereits erwähnte – wenn Bill sich mittlerweile bequem zurücklehnen und mit Stolz das Geschaffte betrachten kann, dann wird es praktisch jedem gelingen, die gewünschten Veränderungen zu bewältigen.

Merkmale passiver Menschen

Meiner Erfahrung mit tausenden passiver Menschen nach bestehen sechs Übereinstimmungen, die ich beobachtet habe. Natürlich treffen sie nicht für alle meine Patienten zu, aber einige betreffen alle Patienten und alle betreffen einige Patienten.

Ein völlig passiver Mensch ist die Ausnahme

Selbst der größte Schwächling ist unter gegebenen Umständen stark und widerstandsfähig. Ein Mensch mag sich klein, ängstlich und eingeschüchtert vorkommen, wenn er mit Offizieren, Vorgesetzten oder Eltern konfrontiert ist, und sich deshalb die Fähigkeit der Selbstbehauptung absprechen. Nichts ist weiter von der Wahrheit entfernt. Wenn die Umstände es verlangen, wird er sich auf die Hinterbeine stellen und wie ein Löwe kämpfen, weil ein wunder Punkt bei ihm berührt wurde.
Schlackern Ihnen beispielsweise die Knie, wenn Ihr Vorgesetzter Sie herunterputzt? Müssen Sie seinen Tadel einstecken? Sie können sich also nicht widersetzen, weil es Sie den Job kosten kann? Gesetzt den Fall, er würde Sie schlagen, Ihre Frau beleidigen oder Ihren Wagen mit einem Vorschlaghammer bearbeiten? Oder er würde Ihre Kinder prügeln, Ihrer Frau nachstellen oder an Ihr Haus Feuer legen? Blieben Sie in all diesen Situationen auch passiv? Mit Sicherheit nicht! In jedem der Fälle würden Sie sich nicht mehr um Ihren Job, Ihre Gefühle, seine Mißbilligung oder andere Rücksichten kümmern. Auf einmal könnten Sie sich selbst behaupten, nicht direkt aus eigener Wahl, aber weil bei Ihnen die Toleranzgrenze überschritten wurde.

Das ist das Grundproblem bei nachgiebigen Leuten: Ihre Toleranz gegenüber Frustrationen ist sehr groß, zu groß für ihr Wohl. Sie erdulden Zurücksetzungen und Mißbrauch viel zu lang, ehe es ihnen über die Hutschnur geht und sie sich zur Rebellion entscheiden, wie jeder normale Mensch. Der Unterschied zwischen einem passiven und einer aggressiven Temperament liegt in der Zeitspanne.
Aggressive Menschen brausen sofort auf, wenn sie übervorteilt werden. Menschen mit normal entwickelter Selbstbehauptung lassen sich nicht lange mißbrauchen. Durchsetzungsschwache Personen wehren sich zu spät und erleiden erst eine Menge Erniedrigungen, aber schließlich platzt auch ihnen der Kragen. Ganz ohne Selbstbehauptungswille ist also niemand. Wer zu sehr auf sich herumtrampeln läßt, wartet einfach zu lange, ehe er oder sie etwas gegen die Frustrationen unternimmt, aber auch er/sie läßt sich nicht alles gefallen.

Passive Menschen lassen sich beherrschen

Bis auf die Ausnahmen der Kranken, der Kinder und der Altersschwachen gehören immer mindestens zwei zu einer Diktatur, nämlich der Kommandierende und der, der sich befehlen läßt. Bei genauer Betrachtung kooperieren wir mit unseren Unterdrückern, weil wir uns davon einen Vorteil versprechen. Der Student, der vom Professor eine gute Beurteilung möchte, wird ihm nicht widersprechen. Die Sekretärin wird ihrem Chef keine runterhauen, solange sie Wert auf den Job legt. Die Hausfrau mit fünf Kindern, die wenig gelernt hat, wird sich mit den Prügeln ihres Ehemannes abfinden, weil sie unter seinem Dach wenigstens materielle Sicherheit genießt.
Solche Kompromisse sind gang und gäbe. Wir können jeden Tag beobachten, daß andere klein beigeben. Daraus zu folgern, sie hätten keine andere Wahl, wäre falsch. Sie und ich hatten immer die Entscheidungsfreiheit, ob andere unser Leben durcheinanderbringen und ruinieren. Wenn wir die Einmischung nämlich satt

haben, setzen wir uns ohne Zaudern zur Wehr. Das ist der Moment, in dem der Student dem Professor widerspricht, selbst auf die Gefahr hin, schlechte Noten zu bekommen oder von dem Lehrinstitut zu fliegen.
Der Tag kommt also für jeden Unterdrückten. Dann wird die Sekretärin ihren Boß ohrfeigen, der sie betatscht, und sich eine andere Position suchen. Dann wird es die arme, geprügelte Hausfrau endgültig satt haben und sich nichts mehr gefallen lassen, selbst wenn er sie totschlägt . . . meiner Erfahrung nach wird er eher kuschen. Viele Menschen sind für ihre Überzeugungen lieber gestorben, als ihre Grundsätze zu verraten, wofür es in der Geschichte Beispiele gibt. Die Römer haben es erlebt, als sie die Christen den Löwen zum Fraß vorwarfen.

Passive Menschen liefern ihren Unterdrückern die Handhabe

Die Diktatoren haben von ihren Opfern gelernt, wo deren schwache Punkte sind. Haben Sie sich manchmal gefragt, warum so viele Menschen Ihrer Umgebung herrisch, egoistisch und durchsetzungsfreudig sind, während Sie ängstlich, schüchtern, selbstlos und passiv sind? Weichen Sie nicht auf die übliche Feststellung aus, manche Leute sind einfach so. Das wäre zu simpel. Die Sache ist komplizierter.
Haben Sie sich jemals vergegenwärtigt, daß ein passiver Schwächling die Unterwürfigkeit von willensstarken Menschen beigebracht bekommen hat? Vielleicht wurde ein Kind von einem Elternteil nur dann gelobt, wenn es still war und sie nicht störte. Nach Jahren der Anerkennung von Lammfrömmigkeit hätte das eigenwilligste Kind das Rückgrat einer Qualle. Mit anderen Worten: es entwickelte sich zur Fußmatte für jedermann, weil seine Eltern oder eine andere Autorität es dazu erzogen haben. Es sollte schwach und abhängig bleiben, weshalb sie Passivität belohnten und jede andere Entwicklung im Ansatz kappten.
Betrachten wir einmal, wie die Persönlichkeit eines Tyrannen

geformt wurde. Geht er in die Schule, um zu lernen, wie man Sklaventreiber wird? Das bezweifle ich, weil ich von so einer Schule noch nie gehört habe. Liest er Bücher, wie er anderen das Rückgrat brechen kann? Solche Veröffentlichungen mag es geben, aber ich kenne keine. Es existieren aber genügend, wie man das geschrumpfte Ego aufbläst oder wie man das Produkt verkauft, das man an den Mann oder die Frau bringen will. Es gibt aber keine Lektüre, aus der zu erlernen wäre, wie man seinen Kopf praktisch die ganze Zeit durchsetzt, auf Kosten der frustrierten Mitmenschen.

Solche Lehrbücher sind auch gar nicht erforderlich, denn Sie stehen ja zur Verfügung, in Form der Angsthasen. Sie, der Harmonisierer und Friedensstifter arbeiten dem Tonangeber in die Hand. Sie legen sich ihm bequemerweise vor die Füße, damit er sie daran abputzen kann.

Das also ist des Pudels Kern: Passive Menschen werden von aggressiven trainiert, passiv zu sein. Und im Gegenzug trainieren die passiven Menschen die aggressiven, noch härter aufzutreten. Das eine bedingt das andere. Jede der beiden Ausprägungen unterstützt die entgegengesetzte durch dauernde Bestärkung.

Wie sollte Sie denn ein Haustyrann herumkommandieren, wenn Sie einfach den Gehorsam verweigern? Wie könnten sich jähzornige, herrschsüchtige Menschen durchsetzen, wenn die anderen da nicht mitspielten? Offensichtlich braucht man zwei dazu. Ein Diktator findet die Bestätigung für seine Gemeinheiten und Ausbeutung in der Nachgiebigkeit der ängstlichen und schwächlichen Leute, und je härter er auftritt, desto mehr überschlagen sich die Untergebenen, ihm zu dienen. Was für einen Anlaß sollte also ein Herrschsüchtiger haben, sein Verhalten zu ändern? Er kriegt doch, was er will. Warum sollte jemand eine so angenehme Situation ändern wollen, wenn sich doch alles so prächtig auszahlt. Wäre der Alleinherrscher ein reifer Mensch, der seine Vormachtstellung nicht ausnützt, hätte er von Anfang an keinen Gefallen an katzbuckelnden, unterwürfigen Menschen, die sich noch für einen Tritt bedanken.

Die Feiglinge müssen aufhören, die Stiefel abzuschlecken, die sie treten. Sie werden beherrscht, weil sie sich dafür zur Verfügung stellen und dem Unterdrücker noch Munition liefern. Sobald sie sich weigern, dem Tonangeber zu Willen zu sein, beginnen sie mit seiner Erziehung zu einem menschlicheren und freundlicheren Umgang mit anderen. Was die Welt braucht, sind starke, aber sanfte Menschen.

Etta, das Mäuschen

Etta war für diesen Mechanismus ein typischer Fall. Sie beschwerte sich bitterlich über ihren herrschsüchtigen Ehemann. »Immer sagt er mir, was ich tun soll, und wenn ich Gegenvorschläge mache, behauptet er, ich hätte ihn nicht richtig verstanden. Schließlich meine ich, ich hätte nicht das Recht, meine Meinung zu sagen und mich zu verteidigen. Gelingt es mir mal, etwas einzuwerfen, läßt er mich den Satz nicht ausreden, sondern vollendet ihn für mich. Man könnte glauben, ich sei eine Gummipuppe oder so was.«

»Haben Sie jemals ein ruhiges und ernsthaftes Gespräch mit ihm geführt und ihm erklärt, wie er sich benimmt und welche Gefühle das bei Ihnen hervorruft?« fragte ich.

»Natürlich habe ich das getan. Ich habe ihm nicht einmal, sondern dutzendmal alles gesagt. Man könnte meinen, er sei taub, denn es hat mir überhaupt nichts gebracht.«

»Aus welchem Grund, meinen Sie, will er sich nicht bessern?«

»Keinen Schimmer, Doktor. Sicher nicht, weil ich nicht den Mund aufmache. Muß an etwas anderem liegen.«

Wie recht sie hatte, und es dauerte nicht lange, bis ich ihr den Kern ihres Problems gezeigt hatte. Zuerst betonte ich, wenn er von seinem Verhalten trotz vieler Einwände ihrerseits nicht abginge, läge es daran, daß er es belohnt bekommt. Er konnte ja immer wieder feststellen, daß sie letzten Endes klein beigab, wenn er sie oft genug unterbrach und lautstark argumentierte. Was mich so sicher macht? Weil Verhalten, das nicht bekräftigt wird, aufgegeben wird. Mit der Zeit verschwindet es.

Ettas Ehemann war dagegen nach zehn Jahren Ehe kein bißchen weniger dominierend als in ihrem ersten Jahr. Das konnte nur eines bedeuten. Er wurde unterstützt, herrschsüchtig zu sein, und raten Sie mal, wer ihn darin bestärkte? Die verwirrte, verzweifelte und in Tränen aufgelöste Etta. Indirekt war sie die ganze Zeit für sein rücksichtsloses und dominierendes Benehmen verantwortlich.

Und so funktionierte es. Nehmen wir an, sie verlangt Haushaltsgeld. Er will keins herausrücken. Dann führt sie ihm vor Augen, weshalb sie es braucht, aber er schneidet ihr das Wort ab, überschüttet sie mit seinem Wortschwall und stopft so unweigerlich Etta den Mund.

Der letzte Akt, daß nämlich Etta nach der Szene nicht mehr aufmuckte, bestärkte bei ihm – vielleicht unbewußt – die Gewißheit, daß Unterbrechen und Niederbrüllen ausreichende Methoden waren, um seinen Willen durchzusetzen. Gab Etta nach seinem Zornausbruch klein bei, konnte er vom gleichen Mechanismus beim nächsten Streit ausgehen.

Wäre sie statt dessen seelenruhig in den nächsten Laden gegangen und hätte für die Einkäufe einen Scheck ausgestellt, wäre ihm unmißverständlich verdeutlicht worden, daß er sich seine Schreiorgien ersparen konnte. Wenn sie darüber hinaus um so mehr Geld ausgegeben hätte, je mehr er sich ereiferte, hätte das zu seiner recht plötzlichen Beruhigung beigetragen. Hüten Sie sich also vor einem Verhalten, das hintergründig die Schikanen Ihnen gegenüber anstachelt.

Passive Menschen leiden häufig unter Ängsten

Die Ängste, unter denen jeder mal mehr, mal weniger leidet, quälen passive Menschen besonders heftig. Deshalb habe ich ihnen im folgenden Kapitel Raum gewidmet. Es ist nämlich die Angst vor Verletzung, vor Versagen, davor, andere zu verletzen, vor Zurückweisung und vor finanzieller Unsicherheit, die Menschen in eine passive Rolle zu zwingen scheinen.

Selbstbehauptung verbessert nicht gleich das Klima

Im Gegenteil werden die stürmischen Auseinandersetzungen die Beziehung erst einmal verschlechtern. Wer sich bisher als Feigling ohne Rückgrat gezeigt hat und sich plötzlich auf die Hinterbeine stellt, muß mit heftigen Reaktionen der Umwelt rechnen. Wie wird sie diese drastische Veränderung in Ihrem Verhalten aufnehmen? Wird sie Ihnen bereitwillig Platz machen, wenn Sie durch die Tür kommen? Werden die Mitmenschen in andächtigem Schweigen verharren, um Ihnen jedes Wort von den Lippen zu lesen und an Ihrer neuen Weisheit teilzuhaben? Und werden sie ihre Wünsche mit Freuden zurückstellen und Ihnen entgegenkommen, selbst wenn Ihre neuen – gerechtfertigten – Forderungen an ihren Privilegien nagen?

So lieb und fair werden die anderen natürlich nicht sein. Im Gegenteil, so bald Sie anfangen, Ihre Rechte durchzusetzen oder auch nur zu demonstrieren, werden die anderen es sogar noch an der bisher üblichen Freundlichkeit mangeln lassen.

Die meisten Leute werden gemein, wenn von ihnen plötzlich Gerechtigkeit und Gleichberechtigung verlangt wird. Das mag Ihren Glauben an die Menschheit erschüttern, ist aber leider die Wahrheit. Probieren Sie es aus. Treten Sie jemanden mit Festigkeit gegenüber, von dem Sie sich bisher dominieren ließen, und Sie werden sehen, was passiert. Sie werden beschuldigt, eine Revolution anzuzetteln, niedergedonnert und madig gemacht, als seien Sie die Unvernunft in Person und verabscheuungswürdig dazu.

Julia und der Geizkragen

Eine Patientin, die ich Julia nennen will, beschwerte sich bei mir bitterlich über die knappe Geldzuteilung durch ihren Ehemann. Da er der Geldverdiener war, besaß er seiner Meinung nach auch das Recht, die Ausgaben bis auf den letzten Pfennig zu kontrollieren. Er wischte ihre Argumente beiseite, daß ein Teil des Einkommens auch ihr Verdienst sei, denn er müsse alle möglichen Leute für die Arbeiten bezahlen, die sie für ihn erledigte.

Der Geizhals sah es nicht so, sondern machte weiterhin die wöchentlichen Einkäufe für den Haushalt. Er teilte ihr das nötige Geld zu, um zu tanken, die Sachen von der Reinigung zu zahlen und andere bestimmte Besorgungen zu erledigen, traute ihr indessen nicht zu, vernünftig mit Geld umgehen zu können. Sie unterstützte natürlich unwissentlich diese Entmündigung, denn sie ließ sich ja wie ein Kind behandeln.
Als sie versuchte, die Zeichnungsberechtigung für das Bankkonto zu erhalten, ging er in die Luft. Er brüllte sie an, schüttelte die Fäuste und wies die Bank an, nur seine Unterschrift zu akzeptieren.
Als nächstes nahm sie eine Teilzeitbeschäftigung an. Dadurch würde sie drei Abende in der Woche nicht zu Hause sein, und er sollte in der Zeit die Obhut der Kinder übernehmen. Das fand er eine Zumutung, und er rächte sich, indem er nun die Wochenenden mit Jagen und Fischen verbrachte und sie mit den Kindern allein ließ.
In der Zwischenzeit verdiente Julia nicht genug, um sich einige Kleider leisten zu können, die sie für die Stellung brauchte, aber der Geizkragen verweigerte ihr einen Scheck. Also verkaufte sie einen Wohnzimmersessel für 300 Mark und erwarb dafür die Kleider. Ihm dämmerte allmählich, daß sie es ihm mit gleicher Münze heimzahlte und er seiner ›verrückten Frau‹ einige Zugeständnisse machen mußte.
Sie redeten miteinander, und er willigte grollend auf ihre Bedingungen ein. Sie versprach, keine Möbel mehr zu veräußern, er versprach, das Bankkonto auf ihren Namen zu erweitern. Sie versprach, ihren Job aufzugeben, wenn sie Haushaltsgeld bekam und nicht über jeden Pfennig Rechenschaft ablegen müßte. Während der Quälerei war Julia oft soweit, das Handtuch zu werfen. Ich riet ihr zum Durchhalten und führte ihr vor Augen, daß die Dinge schlimmer wurden, ehe sie besser werden konnten, wenn jemand die bisher selbstverständlichen Vorrechte entzieht. Diese Hoffnung hielt sie aufrecht, obgleich die Ausbrüche sie erschütterten. Hätte sie klein beigegeben, wäre das für ihn der Anlaß gewesen, noch rüder mit ihr zu verfahren, und diese Bevormun-

dung hätte sie letzten Endes nicht geschluckt. Die Scheidung wurde vermieden, weil sie sich eine Weile in stürmische Gewässer begeben hatte. Das war auf Dauer gesehen weniger unangenehm, als sich seinen Kontrollen völlig zu fügen. Hätte sie nicht jetzt in das Wespennest gestochen, hätte sich das Problem verschlimmert, bis sie eines Tages doch dagegen rebellieren mußte, um nicht unterzugehen.

Wenn die Person, die Sie frustriert, reif und verständnisvoll ist, stehen Ihnen keine nervenzerfetzenden Stellungskämpfe bevor, wenn Sie auf Ihre Rechte bestehen. Ein solcher Erwachsener wird erkennen, daß Ihre Beschwerde gerechtfertigt ist und den Grund so schnell wie möglich abstellen. Bei einer so vernünftigen Vorgehensweise bei Schwierigkeiten entsteht natürlich kaum Streß.

Eine andere Sache ist es, wenn der Unterdrücker stur und ausgesprochen unreif ist. Bei einer solchen Kombination verlaufen die Auseinandersetzungen zwischen zwei Menschen äußerst heftig. Die Ausbrüche können Gräben aufreißen und die Beziehungen in der Familie oder Ehe völlig zerstören. Mit solchen vorhersehbaren Wirkungen muß man rechnen, wenn man nach Jahren der Unterwürfigkeit andere Saiten aufzieht. Sie treten so oft ein, daß sie schon als normal gelten. Das soll an einem Beispiel illustriert werden.

Agnes lehnt sich auf

Als Bertha hörte, daß ihre Tochter Agnes kurz vor dem Abschlußexamen das College verlassen wollte, ging sie an die Decke. Die Mutter hatte sich jahrelang angestrengt, um der Tochter diese Ausbildung zu ermöglichen, und nahm es nicht auf die leichte Schulter, als diese die ganze Mühe zum Fenster hinauswerfen wollte.

Agnes war allerdings nur noch ein Nervenbündel, nachdem sie versucht hatte, den hohen Erwartungen ihrer Mutter zu genügen. Ihr Tutor hatte ihr geraten, ein Jahr zu pausieren und dann die Studien wieder aufzunehmen und zum Abschluß zu bringen.

Konnte Agnes den massiven Angriffen standhalten, die ihre

Mutter starten würde? Sie konnte, wenn ihr klar war, was für einen Terror Menschen veranstalten, deren Oberhand angezweifelt oder unterlaufen wird.
Zuerst brüllte Bertha ihre Tochter an und argumentierte mit ihr. Agnes wehrte sich tagtäglich. Schließlich sah Bertha ein, daß sie mit dieser Taktik nicht weiterkam und hörte mit den lautstarken Vorhaltungen auf.
Als nächstes kam Bertha ihrer Tochter mit Tränen und Flehen und wollte ihr Schuldgefühle aufzwingen. »Denkst du nicht daran, was ich alles für dich getan habe? Ich will das doch alles nur für dich und nicht für mich.«
Das machte Agnes fast schwach. Indessen schien ihr ein weiteres Jahr Studium so unmöglich zu sein, daß sie sich nicht darauf einlassen konnte und fest blieb.
Die dritte mütterliche Methode war die Androhung völliger Zurückweisung. »Ich lasse nicht zu, daß meine Tochter einfach aussteigt und sich die Sonne auf den Pelz brennen läßt und alle meine Arbeit und Träume lächerlich und zunichte macht. Wenn du das tust, will ich von dir nichts mehr wissen.«
Ehe sie ihren letzten Plan in die Praxis umsetzen konnte, mußte sie zuerst den College-Tutor abqualifizieren. Wenn sie es schaffte, der Tochter Zweifel an seiner Kompetenz und Vernunft einzuimpfen, meinte sie, bei Agnes leichtes Spiel zu haben und ihren Widerstand brechen zu können.
Ein so teuflisches Manövrieren der Gegenseite ist nicht selten, wenn Patienten sich einer Therapie unterziehen. Die Gegenseite wird von den neuen Erwartungen frustriert, die der Patient in der Therapie erfährt und reagiert mit heftiger Mißbilligung des Psychiaters, der das Leben für alle ruiniert. Die Frau, der Mann, der Partner, der nicht in Therapie ist, wird sich einige Winkelzüge einfallen lassen, um den psychologischen Berater wie einen bösen Eindringling erscheinen zu lassen, der sich ungebeten einmischt. Doch Agnes gab nicht nach.
Als letztes und stärkstes Geschütz fuhr Bertha Selbstmorddrohungen auf. »Was hat das Leben für mich noch für einen Sinn? Da plagt man sich all die Jahre damit ab, für die Kinder etwas

Anständiges zu schaffen, und sie machen alle Mühen zunichte. Ich gebe auf.«

Soweit kommt es manchmal, wenn ein Mensch die Kontrolle über einen anderen nicht aufgeben will. Wer in dem Kampf um Unabhängigkeit vorzeitig einlenkt, verliert ihn und wird ihn eines Tages ganz neu beginnen müssen. Wahrscheinlich von ungünstigeren Voraussetzungen aus. Wer aber standhaft bleibt und sich weder durch Tricks noch alle möglichen Strategien einschüchtern läßt und selbst die wachsenden Attacken und unangenehmen Begleiterscheinungen aushält, wird eines Tages mit großer Wahrscheinlichkeit erleben, daß der Druck aufgehört hat. Die Quälerei ist unvermeidlich, ob man rebelliert oder nicht. Wer aber auf die Selbstbehauptung zuarbeitet, wird merken, daß auf lange Sicht die Schmerzen schwinden.

Bertha hat sich natürlich nicht umgebracht. Agnes legte ein Jahr Pause und Erholung ein, kehrte dann aufs College zurück und machte ihren Abschluß.

Diesen Prozeß, daß es schlimmer wird, ehe es besser wird, nenne ich den kalten Krieg. Er mag zwei Minuten oder Jahre dauern. Jede der beteiligten Parteien kämpft für das, was sie oder er für eine gerechte Sache und ihm zustehend hält. Oder für sein Privileg. Manchmal helfen Verhandlungen, um zu akzeptablen Kompromissen zu gelangen. Vermittler von außen können hinzugezogen werden, Freunde, Angehörige, Seelsorger, Ärzte, Anwälte und vielleicht – und nicht zu spät – Ihr freundlicher Psychotherapeut.

Nicht übersehen werden sollte, daß die Veränderung Ihnen Leid bringt. Der durch den kalten Krieg verursachte Kummer kann zum Bruch führen, zur Auflösung der Beziehung. Das tritt dann ein, wenn keiner der Partner zu einem Kompromiß bereit ist.

Die meisten Konflikte können jedoch durch einen Kompromiß beigelegt werden. Wenn der Arbeiter zwei Mark mehr Stundenlohn verlangt und der Arbeitgeber nur eine Mark zahlen will, einigt man sich gewöhnlich auf einsfünfzig.

Aber angenommen, ein verheirateter Mann will daneben ein

homosexuelles Verhältnis. Da wird ein Kompromiß kaum zu erreichen sein. Die meisten Frauen werden auf ehelicher Treue bestehen und andernfalls die Ehe beenden. Selbst wenn er nicht wie erhofft unangefochten mit Frau und Freund schlafen kann und ihr anbietet, die sexuelle Beziehung zu ihr zu beenden, wird dieser Kompromiß ihr nicht fair erscheinen. Vermutlich besteht sie auf ganz oder gar nicht und macht Schluß. Die andere Alternative wären endlose Streitereien.

Wenn in einer Partnerschaft vor der Trennung ein Kompromiß gefunden wird, mit dem beide leben können und von dem beide Vorteile haben, ist sie gerettet. Wenn einer der Partner unglücklich ist, während er dem anderen Zufriedenheit verschaffen will, wird das die Beziehung meistens nicht überstehen. Das ist dann auch gut so. Zwei Menschen gehören nicht zusammen, wenn abwechselnd der eine oder andere unglücklich ist, während er dem Partner Befriedigung verschafft.

Erste Selbstbehauptungsversuche sind meist brutal

Wer beschlossen hat, sich auf die Hinterbeine zu stellen, hat noch nicht die Technik, um behutsam vorzugehen. Die ersten Bestrebungen werden vermutlich grob sein und über das Ziel hinausschießen. Solche Befreiungsschläge können nicht wohldosiert und fair sein. Ehe man damit umgehen gelernt hat, wird man anderen zu Unrecht auf die Füße treten. Ich habe erlebt, wie geschmacklos und brutal kultivierte und anständige Menschen ihre ersten Selbstbehauptungsversuche durchgeführt haben, so daß sie über sich erschrocken waren und wieder in ihr passives Verhalten zurückfielen.

Manche drücken sich nach einem Leben der gepflegten Sprache ordinär aus. Manche stellen rücksichtslos übertriebene Forderungen und boxen sie durch, nur damit die anderen sie anständig behandeln. Je weiter das Pendel zur passiven Seite hingeschwungen war, desto weiter schlägt es jetzt zur aggressiven aus.

Nehmen Sie sich das nicht übel. Die Fähigkeiten, die Sie sich nun zulegen, sind komplex. Um sich zu einem fairen Aktionskurs zu entscheiden, um in diesem Moment der Wahrheit zu lernen, Zorn und Ärger in den Griff zu kriegen, und um diese Vorhaben dann in eleganter Weise in die Praxis umzusetzen, bedarf es eines Lernprozesses, der seine Zeit braucht. Jeder dieser Schritte ist erlernbar, nach und nach, und dann müssen die drei Aspekte noch zu einem Ganzen verschmolzen werden, was einige Erfahrung voraussetzt und erfordert.
Üben und immer wieder üben, darauf kommt es jetzt an. Praxis und die sorgfältige Analyse des neuen Verhaltens. Sich selbst zu verdammen wäre an diesem Punkt schädlich, ebenso wie Traurigkeit über die unbeholfene Ausführung der Selbstbehauptungsbestrebungen. Betrachten Sie unnachsichtig genau, was sie falsch gemacht haben und versuchen Sie, beim nächsten Mal die Fehler zu vermeiden. In jeder folgenden, ähnlichen Situation lassen sich frühere Fehler korrigieren.
Wenn Sie zu den passiven Menschen gehören, denen die ersten Versuche mißlungen sind, verfahren Sie folgendermaßen in kleinen Schritten: Erstens vertreten Sie Ihre Interessen bei vielen Kleinigkeiten, ehe Sie sich auf große Streitpunkte stürzen. Zweitens sollten Sie keine Möglichkeit der Selbstbehauptung auslassen, auch wenn Sie wie ein Tölpel wirken mögen. Denken Sie an ihre Ungeschicklichkeit bei den ersten Schritten auf dem Eis oder dem Tanzparkett oder beim Radfahren oder Skilaufen. Damals haben Sie sich höchst unbeholfen angestellt, aber trotzdem haben Sie es nicht aufgegeben, sondern weitergelernt. Es erfordert nicht weniger Überwindung und Durchhaltevermögen, um auf dem dünnen Eis der komplexen menschlichen Beziehungen das richtige Maß an Schwung und Zurückhaltung zu finden.
Gleichgültig, wie lang Sie schon schüchtern und passiv waren, Sie können Ihre Haltung ändern. Wenn Sie sich intensiv damit befassen, Ihr Verhaltensmuster zu durchleuchten, wird auch für Sie der Tag kommen, an dem Sie Ihr Leben in den Griff bekommen und anderen Anordnungen geben. Nur weil Sie sich in der Vergangenheit immer geduckt haben, ist das noch kein Grund, auch weiter

den Sklaven zu spielen. So wie es Millionen gelungen ist, aufrecht zu gehen, werden auch Sie es schaffen.
Ich habe Wüteriche von Ehemännern vor Sanftheit schmelzen sehen, nachdem ihre Frauen die Scheidung verlangten. Gewohnheitsverbrecher sind Krankenpfleger geworden, und Rüpel geben Bibelstunden. Die fantastischsten inneren Wandlungen sind möglich! Gäbe es nicht diese Chance, dann wären alle Lehrer dieser Welt fehl am Platz, ebenso wie alle Pfarrer und Psychiater. Der einzige Grund, warum viele Menschen sich Beratungsberufen widmen, ist die reale Aussicht auf Erfolg ihrer Bemühungen. Sonst müßten sie alle verrückt sein.,
Es ist von grundlegender Bedeutung, daß Sie an die Fähigkeit des Menschen glauben, sich zu ändern, denn sonst sind bereits Ihre ersten Schritte in diese Richtung zum Scheitern verurteilt. Überlegen Sie sich einmal, wie oft Sie in Ihrem Leben bereits Meinungen und Verhalten verändert haben. Wenn Ihnen das gelungen ist, können Sie doch davon ausgehen, daß Sie sich auch andere unliebsame Gewohnheiten abgewöhnen können, beispielsweise vor anderen Leuten zu kuschen.
Hatten Sie jemals vor Dingen oder Handlungen Angst, die Ihnen heute nichts mehr ausmachen? Ich kenne Leute, die panische Angst davor hatten, in der Öffentlichkeit zu reden, und die das jetzt mit Leichtigkeit tun. Oder erinnern Sie sich der Verlegenheit vor Ihrem ersten Liebesabenteuer? Mit Sicherheit hat sich die nach einigen Erfahrungen gelegt. Warum ist das so? Weil jeder Mensch so flexibel ist, umzudenken.
Es sind einige falsche Vorstellungen, die unser Denken blockieren und uns zu der Meinung veranlassen, was einmal so ist, müsse immer so sein. Dafür stehen einige sprichwörtliche Ammenmärchen wie: Einem alten Hund bringt man keine neuen Tricks bei. Was Hänschen nicht lernt, lernt Hans nimmermehr. Was ein Häkchen werden will, krümmt sich beizeiten usw. Manche ruhen sich auch auf ihren nicht vorhandenen Lorbeeren aus und haben die vermeintlich beste Ausrede, so zu bleiben wie sie sind: Ich bin eben so, das ist meine Natur, da kann man nichts machen.
Das stimmt alles nicht.

Sie sind heute so, wie Sie sich heute überzeugt haben zu sein. Wenn Sie sich heute einreden, nicht das Recht zu haben, Ihre Interessen zu vertreten, werden Sie vor jedem katzbuckeln, der Sie an diesem Tag anschreit. Es kann sein, daß Sie Ihr Leben lang so reagiert haben, aber das heißt noch nicht, daß Sie Ihre Tage als Wurm beschließen müssen.

Jahrelang gepflegte Gewohnheiten werden nur dadurch zementiert, daß Sie heute und künftig das gleiche darüber denken wie in der Vergangenheit. Schlagen Sie sich den lähmenden Unsinn heute aus dem Kopf, und dann werden Sie eine Gewohnheit auslöschen, die Sie seit der Kindheit hatten. In der Praxis werden Sie beim ersten Stehversuch noch keinen Erfolg haben. Wenn Sie aber nicht aufgeben und es immer wieder probieren, wird eines Tages der Punkt erreicht sein, wo die anderen sich eher an Ihnen die Zähne ausbeißen, als Sie zur Unterwerfung zwingen.

Fünf Ängste, die die Feigheit fördern

Fast alle passiven Menschen sind die Opfer von Ängsten. Ohne die Furcht wären sie wahre Riesen. Wer also den Mangel an Durchsetzungsvermögen korrigieren will, muß die enge Beziehung zwischen Angst und Feigheit durchschauen und furchtloser werden. Dazu müssen die Ängste als Popanze entlarvt werden. Es funktioniert etwa so: In dem Maß, in dem die Ängste abnehmen, wächst der Trieb zur Selbstbehauptung. In meinen Büchern bin ich immer wieder auf die Ängste eingegangen, deren schlimme Folgen wir uns einreden, bis wir uns von ihnen lähmen lassen wie das Kaninchen vom Blick der Schlange.

Die Angst vor Verletzung

Die gröbste Methode, andere zu beherrschen, ist die durch Gewalt. Der Muskelprotz schubst den Kleinen herum. Er nimmt sich immer den Löwenanteil. Beschreibt das nicht hübsch die Macht der Macht?

Vergegenwärtigen Sie mal Ihre Beziehungen zu starken und potentiell gewalttätigen Leuten. Gehen Sie ihnen nicht aus dem Weg oder bringen Ihre Einwände gedämpft hervor, weil Sie fürchten, Prügel einstecken zu müssen, sofern die Sache außer Kontrolle gerät?

Kein Zweifel, die Angst vor Körperverletzung schüchtert die meisten von uns gehörig ein. Was soll der Schwächere also tun? Mit Sicherheit kann man sich doch nicht von jedem überfahren lassen, der zehn Kilo mehr wiegt. Meiner Meinung nach gibt es verschiedene Lösungen für dieses Problem, die vielleicht nicht alle gut sind, aber immer noch besser als ein gebrochenes Nasenbein.

1. Lieber mit Worten als Fäusten kämpfen

Man kann lernen, wie man Gewalttätigkeiten durch gutes Zureden entschärft. Es hat nichts mit Stiefellecken zu tun, wenn man den eigenen Standpunkt unaggressiv und freundlich vertritt, so daß dem Stärkeren der Wind aus den Segeln genommen wird und er nicht rabiat wird. Häufig verfallen Leute ja auf Handgreiflichkeiten, weil ihnen die Argumente ausgehen.

Ich kenne einen standhaften Mann, der ein Leichtgewicht ist, aber seit seinem siebten Lebensjahr in keine Schlägerei mehr verwickelt war. Und doch läßt er sich nicht herumkommandieren, tritt selbstbewußt auf und behält selbst gegenüber Muskelprotzen von doppelter Größe die Oberhand. Wie schafft er das? Er spricht mit ihnen höflich. Er lächelt, behandelt sie warmherzig und freundlich und gibt ihnen keinen Anlaß, auf ihn wütend zu werden. Und trotzdem wird seine Meinung respektiert. Er hängt sein Mäntelchen nicht in den Wind, sondern bleibt nur gelassen und friedlich.

Ich wollte von ihm genau wissen, wie er sein Leben lang seinen Standpunkt vertreten und dabei Übergriffe durch andere vermeiden konnte.

»Ich wußte, ich würde verlieren, wenn ich mich in eine Schlägerei verwickeln ließ. Also beschloß ich, mir meine Freunde gut auszuwählen und potentiellen Unruhestiftern aus dem Weg zu gehen, so gut ich es vermochte. Gewalttätige und unvernünftige Leute ängstigen mich. Ich mache einen weiten Bogen um sie. Ich beobachte immer genau, wie sehr sich mein Gegenüber aufplustert. Wenn es zu hitzig wird, gehe ich meines Wegs oder behandle ihn mit ausgesuchter Höflichkeit und Diplomatie. Was ich um jeden Preis vermeide, ist selbst aggressiv zu reagieren. Damit fängt man sich mit Sicherheit ein blaues Auge.«

Knapper kann man es nicht ausdrücken. Es ist immer ein Fehler, Benzin in das Feuer anderer zu gießen. Jemand sagte einmal, der

Anfang der Weisheit sei Schweigen. Das ist ein großartiger Ratschlag, besonders für Zeitgenossen, die schnell auf dem Siedepunkt sind.

2. Abwehr, wenn die Psychologie versagt
Hier sehe ich zwei Möglichkeiten. Ehe man sich einem körperlichen Angriff aussetzt, kann man den Gegenspieler entweder hinter schwedische Gardinen oder in die geschlossene Abteilung verfrachten lassen. Rufen Sie zum Schutz die Polizei zu Hilfe, zeigen Sie den Angreifer an, und kümmern Sie sich nicht um die Drohungen, die er oder sie ausstoßen mag. Es ist im Augenblick wichtiger, Entschlossenheit und Stärke zu zeigen, als sich jetzt den Kopf wegen späterer eventueller Folgen zu zerbrechen. Wenn Sie zu einem Zeitpunkt, wo Stärke angesagt ist, Schwäche demonstrieren, werden Sie vielleicht keine Gelegenheit mehr haben, sich Sorgen zu machen, was passiert, wenn Ihr Widersacher aus dem Kittchen entlassen wird.

3. Verteidigen Sie sich mit Klauen und Zähnen
Wenn Sie bei einem Überfall um Gesundheit oder Leben bangen müssen und die anderen Abwehrmaßnahmen fehlschlugen, kämpfen Sie mit allen Mitteln, wie Sie sich auch gegen einen scharfen Hund verteidigen würden. Notwehr rechtfertigt nach internationalem Recht auch die Körperverletzung des Angreifers. In dieser Notlage sparen Sie sich bitte Schuldgefühle und wenn möglich Angst, wehren Sie sich so wirkungsvoll Sie können und hoffen Sie, daß es klappt.

Die Angst vor dem Versagen

Es ist schon traurig, wie oft Menschen ihre guten Ideen für sich behalten, weil sie sich fürchten, damit anzuecken und sich ungeschickt anzustellen. Das können die anderen sprichwörtlich als Aufforderung betrachten, zu dominieren.
Ein Mann und eine Frau wollen ein Haus kaufen. Sie besichtigen

eines, das ihr gefällt, nicht aber ihm. Er macht aber den Mund nicht auf. Vielleicht hat seine Frau ja recht, daß es eine gute Investition wäre. Wie stünde er da, wenn sich das später herausstellte und er sich quergestellt hat? Anstatt also seine Zweifel auszusprechen, zuckt er mit einem verzagten Lächeln die Achseln, vermeidet einen eventuellen Fehler und überläßt seiner Frau die Entscheidung.

Aus diesem scheinbar harmlosen Handlungsablauf ergeben sich einige voraussehbare Umstände. Der Eheman wird sich mies fühlen, nachdem er die Hände in den Schoß gelegt hat und nichts unternahm. Nicht zu entscheiden, ist auch eine Entscheidung. Anstatt sich also Schwierigkeiten durch sein Stillhalten zu ersparen, handelt er sich welche ein. Er wird ein schlechtes Gewissen haben, weil er sich als schwach gezeigt und nicht sein Gefühl des Unbehagens ausgedrückt hat. Er wird sich also wegen seiner Unzulänglichkeit hassen und in absehbarer Zeit seine Frau. Und warum das Ganze? Weil er Angst hatte, sich eventuell geirrt zu haben.

Er erkennt nicht, daß es weniger schmerzlich ist, sich zu irren oder massiv danebenzugreifen, als jede Selbstbehauptung zu vermeiden und sich nicht zu trauen, auch einmal in ein Wespennest zu stechen.

Manchmal vertreten wir unseren Standpunkt nicht, weil uns die passenden Worte fehlen. In gewissen Situationen sind wir sprachlos, und nicht nur, weil wir vor Zurückweisung oder Versagen Angst haben. Wir wissen einfach nicht, wie wir unsere Meinung ausdrücken sollen, besonders nicht bei redegewandten oder kurz angebundenen Leuten.

Einer meiner Patienten bat einen Kollegen um eine Zigarette und wurde abgefertigt: »Pech, Junge, von mir nicht.« Die brüske Abfertigung traf ihn so unerwartet, daß es ihm die Rede verschlug. Er verzog sich also mit einem dümmlichen Grinsen, während er eigentlich protestieren wollte.

Regen Sie sich nicht auf, wenn Sie plötzlich mit einer ungewohnten Sache konfrontiert werden. Beim ersten oder zweiten Mal tappen Sie noch im Dunkeln herum und stimmen bei ungünstigen

Bedingungen zu, aber der Tag wird kommen, wo Sie die Lage im Griff haben und – von den Erfahrungen gewitzt – eine eigene Meinung durchsetzen.
Der Vater einer Tochter im Teenageralter fand eines Tages vor seiner Haustür zwei schmuddelige Burschen, die seine Tochter besuchen wollten. Er wollte sie wegscheuchen, ließ sie aber statt dessen eintreten. Warum? Weil er auf eine solche Begegnung nicht vorbereitet war. So reagierte er instinktiv und gewohnheitsmäßig. Er hatte gelernt, es sei rüde, Menschen in der Kälte stehen zu lassen, während einem der Kiefer herunterfiel und man nichts sagen konnte.
In diesem Fall war nur eine derartige Erfahrung nötig, um das nächste Mal nicht so tölpelhaft dazustehen. Er war entschlossen, das zu sagen, was er meinte, und das war, unliebsame Besucher nur einzulassen, wenn seine Tochter sie erwartete und ihm Bescheid gesagt hatte.
Wenn Sie Ihr Leben in die Hand nehmen wollen, lassen Sie sich nicht durch Ihre unzulänglichen Entscheidungen abschrecken. Verhalten Sie sich vorsichtig, aber riskieren Sie auch mal, den Kopf hinzuhalten und abzuwarten, ob er Ihnen abgerissen wird. Dieser Fall wird nur sehr selten eintreten. Im Gegenteil, Ihr Selbstvertrauen und die Sicherheit in eigene Entscheidungen werden in dem Maß wachsen, wie Sie neue Erfahrungen machen. Fehler sind wichtig. Aus ihnen lernt man, wovon man die Finger lassen sollte, und das ist mehr, als man zuvor wußte.

Die Angst, andere zu verletzen

Damit ist nicht die Körperverletzung gemeint, sondern die sogenannte seelische. Wenn Sie einem anderen Menschen die Macht einräumen, bei Ihnen Gefühle der Wertlosigkeit, der Unlust oder Schuld hervorzurufen, nur weil Sie ihm eine Gefälligkeit verweigern, dann lassen Sie sich von dem anderen so einschränken, wie ein Gefängniswärter es kann. Ihr Körper und Ihre Seele gehören dem anderen. Das häufigste und wirksamste Mittel zur Unterwer-

fung anderer ist, ihnen Schuldgefühle einzureden. Das klappt so reibungslos, weil es die Selbstachtung untergräbt und das latente Minderwertigkeitsgefühl nebenbei fördert. Hüten Sie sich vor diesem gefährlichen Unterdrückungsmechanismus.
Mütter und Väter können ihre Kinder über Kontinente durch die einfache Feststellung fernsteuern, ihre Handlungen machten den Eltern Kummer.
Wenn Sie sich wie ein räudiger Hund vorkommen, weil eine/r Ihrer Nächsten Ihnen Schuldgefühle einredet, wehren Sie sich mit aller Kraft dagegen. Die folgenden Argumente mögen Ihnen bei dieser Notwehr helfen.

1. Sie sind ein menschliches Wesen und sündig
Wie kann man von einem fehlerbehafteten Menschen Vollkommenheit erwarten? Die anderen sind auch nicht perfekt. Wo nehmen Sie die Vorstellung her, ausgerechnet Sie müßten ein Muster an Vollkommenheit sein?

2. Die anderen haben auch nicht die Weisheit mit Löffeln gefressen
Auch dann nicht, wenn sie noch so massiv und selbstgerecht auftreten. Sie möchten gern, daß Sie für edler, reiner und überlegener gehalten werden, als sie sind. Lassen Sie sich von dem Gehabe nicht imponieren. Was ist denn an einem Menschen so gut und edel, der Ihnen Schuldgefühle einimpfen will? Ist das etwa souveränes Verhalten?
Wenn jemand Ihnen mit Zornausbrüchen oder gar Selbstmord droht, falls Sie nicht klein beigeben, dann werden Sie erpreßt, emotional erpreßt. Das ist wohl der schmerzlichste Würgegriff, um einen anderen zu unterwerfen.
Mütter und Väter haben diese Drähte schon oft gezogen und mit Herzanfällen, Depressionen oder Selbstmord gedroht, wenn die Kinder nicht bei Fuß gingen.
In meiner beruflichen Laufbahn sind mir häufig junge Männer und Frauen untergekommen, die eine Liebesaffäre abbrechen wollten, sich aber wegen ihrer Schuldgefühle nicht trauten.

Roland und die Selbstmorddrohung

Roland hätte die Beziehung gern beendet, aber sein Mädchen drohte, sich das Leben zu nehmen, wenn er sie verließe. Das stoppte sein Vorhaben. Offensichtlich konnte er sich nicht freimachen, wenn er dadurch für ihr Elend verantwortlich war.
»Das ist aber doch der springende Punkt, Roland«, wandte ich ein. »Sie sind es doch nicht, der sie elend macht, aufregt oder in den Selbstmord treibt. Sie selbst steigert sich in diese negativen Gefühle hinein, und das ist nicht Ihre Schuld. Bei Licht betrachtet ist es nur möglich, andere Menschen körperlich zu verletzen, nicht seelisch. Ihr Mädchen bringt sich selbst in den psychisch gestörten Zustand. Und das ist ihr Problem, nicht das Ihre!«
»Das kann schon sein«, antwortete er, ohne über meine Erklärung groß nachzudenken. »Was aber, wenn sie sich wirklich umbringt? Wie soll ich mit der Last auf meinem Gewissen leben?«
»Das habe ich Ihnen doch gerade gesagt, Roland. Warum sollten Sie sich Vorwürfe für etwas machen, das ihr ureigenes Werk ist? Würden Sie eine Pistole an ihren Kopf setzen und abdrücken, dann wären Sie für ihren Tod verantwortlich. Wenn sie sich die Pistole an den Kopf setzt und abdrückt, dann ist sie verantwortlich. Haben Sie den Unterschied begriffen?«
»Klingt sehr kaltschnäuzig, wenn Sie mich fragen.«
»Es ist kaltschnäuzig. Aber es wäre noch kaltschnäuziger, sich von ihr mit Selbstmorddrohungen einschüchtern zu lassen und ihr die Genugtuung zu geben, daß es Ihnen unter die Haut geht. Mit diesem Zurückzucken ermuntern Sie sie lediglich, Sie mit immer wilderen Drohungen kleinzukriegen. Wenn Sie sich nicht gegen ihre Manipulationen eine dicke Haut wachsen lassen, fühlt sie sich vielleicht zu einem echten Selbstmordversuch veranlaßt. Das wäre auch kaltschnäuzig, oder?«
Roland überlegte und schlug eine neue Marschrichtung ein. »Selbst wenn ich Ihnen zustimmte, wäre es denn dann fair, einen Menschen so zu behandeln, der mich so sehr liebt?«
»Was? So sehr liebt?«, fragte ich verblüfft. »Wie kommen Sie auf die Idee, daß sie Sie liebt? Sie erpreßt Sie emotional. Sie

weiß, daß Sie wie ein Hund leiden, und das nennen Sie Liebe? Wer hat für so eine Liebe Bedarf?«
Die Unterhaltung ging noch eine Weile vergeblich weiter, bis ihm dämmerte, daß er das Recht besaß, den Gegenstand seiner romantischen Zuneigung zu wechseln, und daß ihre moralische Erpressung in Wirklichkeit ein sehr feindseliger und liebloser Akt war. In dem Moment war er in der Lage, sich aus der Kontrolle zu befreien, die die seelische Erpressung und damit verbundene Schuldgefühle ausgeübt hatten.

3. Schuld und Schuldgefühle sind zwei Paar Stiefel
Möglicherweise ist Ihr gedankenloses, ruppiges und dummes Verhalten Ihre Schuld, aber Sie dürfen diese tatsächliche Schuld nicht mit den Schuldgefühlen verwechseln. Letztere bedeuten, daß man sich für wertlos, unnütz und böse hält, weil man den eigenen Vollkommenheitsstandard nicht erreicht. Schuld sein dagegen heißt lediglich, daß man erkennt, Fehler gemacht zu haben. Niemand gewinnt Kontrolle über Ihren Leib oder Ihre Seele, wenn er Ihnen ihre Fehler – die gemachten – vorhält. Sie sind aber auf dem besten Weg zur Zerstörung, wenn Sie sich einer Gehirnwäsche durch die anderen unterziehen und anschließend glauben, mit unsichtbarer Schande bedeckt zu sein, nur weil Sie sich ein bißchen daneben benommen haben.
Betrachten wir ein Beispiel. Gesetzt den Fall, Sie haben einen Hundertmarkschein verlegt. Man könnte Ihnen dann allenfalls Unachtsamkeit oder Sorglosigkeit vorwerfen. Man könnte Ihnen vorhalten, Sie gingen häufig fahrlässig mit Sachen um, kümmerten sich wenig um Details und neigten zum Tagträumen. Alle diese Behauptungen können wahr sein. Es wäre aber völlig verfehlt, daraus zu schließen, daß Sie sich Schuldgefühle zulegen müssen, weil Sie böse und unachtsam sind. Wäre das zutreffend, wären wir alle böse und unachtsam und wertlos, weil wir ja alle unsere Fehler haben. Trennt man das falsche Verhalten einer Person von ihrer Persönlichkeit, dann läßt sich etwas gegen das Verhalten tun, ohne einen Minderwertigkeits-

komplex zu entwickeln. Und dann haben die Leute keine Macht, die als Unterdrückungsinstrument erreichen wollen, daß Sie sich hassen.

4. Ihre Handlungen und Worte können keine Schuldgefühle erzeugen

Es ist eine Sache, was Sie tun oder sagen, und eine andere, sich selbst darüber aufzuregen oder ein schlechtes Gewissen zu bekommen. Das ist der Kern, den Sie erkennen müssen, wenn Sie sich nicht länger von anderen durch Schuldgefühle leiten lassen wollen. Weder haben Sie Ihre Eltern, Partner oder Kinder jemals zu Schuldgefühlen gebracht, noch tun Sie es gegenwärtig oder können es in Zukunft. Ebenso wenig können es die anderen bei Ihnen bewerkstelligen, wenn Sie es nicht unterstützen. Wir sind es nämlich höchstpersönlich, die sich Aufregungen und Schuldgefühle einreden. Ihre Eltern oder Partner steigern sich selbst in ihren gestörten Zustand wegen Ihres frustrierenden Benehmens hinein, während Sie sich zu Schuldgefühlen hinreißen lassen, weil Sie anderen angeblich den Kummer bereiten, den diese sich in Wirklichkeit selbst zuzuschreiben haben. Kinder, denen es ja noch an Erfahrung und Weisheit mangelt, bringen sich auch selbst in Aufruhr, aber von ihnen ist auch noch nichts anderes zu erwarten. Bei Erwachsenen indessen entspringen die Schuldgefühle dem eigenen Hinterkopf, nicht etwa der schlechten Meinung anderer. Verstehen Sie diese Zusammenhänge, und niemand wird Sie über Schuldgefühle beherrschen und zur Gefügigkeit zwingen können.

Wenn man einen Mitmenschen zu Schuldgefühlen wegen einer Handlung bringt, hat man ihn genau so in der Gewalt wie mit einer Pistole. Die meisten von uns fühlen sich mit Schuldgefühlen äußerst unwohl in der Haut und geben lieber nach, als diese Qual zu erleben. Wenn das eines Ihrer Probleme ist, denken Sie sorgfältig über das Gesagte nach, und befreien Sie sich dadurch von der Knute, die andere über Sie schwingen.

Als ersten Schritt müssen Sie sich klarmachen, daß Sie ein Anrecht auf Ihre eigenen Ansichten und Wünsche haben. So wie jeder andere Mensch auch. Deshalb gibt es keinen Anlaß, sich wegen der persönlichen Gedanken und Wünsche schuldig zu fühlen, nur weil sie anderen Leuten mißfallen.

Auf einer Party erzählte mir eine Bekannte ihre Leidensgeschichte. Viele Jahre lang hatte sie eigenhändig Kekse gebacken, weil ihre Lieben, besonders die Tochter, es von ihr erwarteten. Als sie bei sich eine latente Unzufriedenheit bemerkte, obgleich dazu verstandesmäßig kein Grund bestand, begann sie nachzudenken. Sie hatte sich – nicht nur bei den Keksen – zum Haussklaven erniedrigt, und alles nur als Vorleistung zur Anpassung, weil sie das tat, von dem Sie glaubte, es würde von ihr erwartet. Sie rebellierte und warf alte Vorstellungen über Bord. Als sie mir davon berichtete, konnte sie längst über ihre Dusseligkeit lachen.

Das heißt mit andernen Worten: Heiraten Sie den, der Ihnen gefällt. Wenn Ihre Wahl zu Aufregungen bei Eltern und Freunden führt, schicken Sie sie in eine Beratung, um ihr ureigenes Problem zu lösen, das nicht das Ihrige ist. Lassen Sie sich auf keinen Fall einreden, ihr gestörtes Verhältnis zur Realität sei Ihre Verantwortung.

Martha und die Mutterliebe

Martha kam zu mir wegen ihrer ernsten Schwierigkeiten mit ihrer erwachsenen Tochter. Das Mädchen besuchte die Mutter nur nach starkem Trinken und hämmerte dann morgens um drei Uhr an der Tür. Nach einer Weile überwand Martha ihre Schuldgefühle und erklärte ihrer Tochter unmißverständlich, sie könne wegbleiben, wenn sie sie nicht nüchtern und manierlich besuchen könnte.

»Das wollte ich schon seit Jahren tun«, gestand Martha mir, »aber ich hatte bei dem Gedanken ein so schlechtes Gewissen, daß es mich fast umbrachte. Demzufolge war ich auch nie mit dem Mädchen streng genug, und jetzt habe ich ein verzogenes Gör, das mir keinen Respekt erweist. Hätte ich schon vor Jahren begriffen, daß ihre Zurückweisung mich nicht zu verletzen braucht, und daß ich gut dran getan hätte, sie an die normalen

Frustrationen zu gewöhnen, dann hätte ich mich bei ihr besser behauptet. Jetzt weiß ich, daß ich mir Schuldgefühle schenken kann, wenn ich einmal Nein sage. Ich verletze nicht ihre Gefühle, wenn ich nicht nachgebe, sondern das tut sie sich selbst an.«

Die Tochter hatte nun die Wahl, sich (künstlich) aufzuregen, weil sie ihren Kopf nicht durchsetzen konnte, oder sich einigen psychologischen Erkenntnissen nicht zu verschließen, wie es die Mutter getan hatte; dadurch würde sie ihr Problem von innen lösen, nämlich durch tiefgreifende Veränderungen ihrer Persönlichkeit, anstatt von ihrer Mutter zu verlangen, sich äußerlich an das Problem anzupassen.

Wer also seine Schuldgefühle wegen Selbstbehauptungsbestrebungen nicht erst aufkommen läßt, hat damit eine der am meisten verbreiteten Ursachen für Unterwürfigkeit ausgeräumt. Es bedarf natürlich einigen Augenmaßes und des gesunden Menschenverstandes, um die eigene Willensdurchsetzung nicht zu übertreiben. Sonst wird man zu einem sehr unleidlichen Menschen, der andere zu oft vor den Kopf stößt.

Die Angst vor Zurückweisung

Die Angst, die Sie vermutlich am meisten lähmt, ist die, bei den Mitmenschen Mißbilligung und Zurückweisung hervorzurufen. Es ist Ihnen ja beigebracht worden, daß Ablehnung Sie verletzt und Sie sich deshalb darüber aufregen müssen. Außerdem wurde Ihnen gelehrt, daß die Zurückweisung ein Beweis dafür sei, daß Sie nichts taugen, denn warum sonst stoßen Sie andere zurück?

Es ist einleuchtend, daß viele Menschen sich für andere förmlich überschlagen, wenn Sie meinen, wie Aussätzige behandelt zu werden, sofern sie nicht nach der Pfeife der anderen tanzen. Wir verspüren ein so starkes Bedürfnis, beliebt zu sein und geliebt zu werden, daß wir uns zu den lächerlichsten Dingen hinreißen lassen, nur um ein bißchen Anerkennung zu erhaschen. Warum sonst lädt sich Frau Möchtegern alle möglichen Leute zum Abendessen ein, obwohl sie sie kaum kennt? Weil das arme Ding aus Angst, was die anderen von ihr denken mögen, sich bei allen lieb Kind machen will und Neinsagen nicht gelernt hat. Also springt sie, wenn man sie ruft.

Fragt eine Nachbarin sie, wie das neue Kleid umgesäumt werden soll, berät Frau Möchtegern sie natürlich. Und was tut sie als nächstes? Holt ihre Nähmaschine vor und erledigt die Arbeit für die Nachbarin. Sie freut sich, daß die Nachbarin zufrieden ist, doch das angenehme Gefühl hält nicht lang vor. Hinter dem zuvorkommenden Lächeln, kocht sie innerlich. Und als die Nachbarin sich trollt, haßt sich Frau Möchtegern so sehr, weil sie sich schon wieder ausnützen ließ, daß sie ihre Schuldgefühle in Alkohol ertränken muß.

Die Angst, nicht dazuzugehören, sondern abgesondert zu werden, plagt besonders die Teenager. Doch auch Millionen Erwachsener, die Entscheidungen über Anstellung, Kredite und Aburteilungen fällen und die Schulen, Kirchen und Geschäftsunternehmen leiten, bibbern noch immer vor Angst, von den wichtigen Menschen in ihrem Leben nicht für voll genommen und geschätzt zu werden.

Die geduckte Lucy

Ich war nicht wenig überrascht, als ausgerechnet Lucy sich über die Knute ihrer Mutter beschwerte, kam sie mir in ihrer schicken Kleidung und aufrechten Haltung besonders stabil vor. Sie war Ende Zwanzig und in ihrem Beruf tüchtig.

Ich wollte also wissen, was ihre Mutter tun würde, wenn die Tochter rebellierte. Lucy konnte sich so etwas nicht einmal vorstellen. Diese Einstellung war für mich nicht neu, und ich wußte genau, wie ich ihr ihre Gefühlsverwirrung vor Augen führen konnte. In solchen Fällen pflege ich meine Patienten mit ausgefallenen, abstoßenden Situationen zu konfrontieren, die nicht einmal sie tolerieren würden. Das zeigt ihnen, daß auch sie bei genügender Provokation stark sein und sich auf die Hinterbeine stellen können.

Ich fragte Lucy also hinterhältig, ob sie ihrer Mutter nicht Widerstand entgegensetzen würde, wenn die versuchte, die Enkelin drogenabhängig zu machen.

Die verblüffende Antwort war: »Nein.«
Ich traute meinen Ohren nicht.
Also näherte ich mich dem Thema von einer anderen Seite und brachte ein noch abstoßenderes Beispiel von Mißbrauch. Würde sie ihre Mutter stoppen, wenn sie die Tochter zur Prostitution veranlaßte?
»Nein«, sagte sie und meinte es so.
»Würden Sie dazwischentreten, wenn Ihre Mutter Ihre Tochter mit einem Riemen verprügelte?«
»Das tut sie schon«, bekam ich zur Antwort und verfiel in verwundertes Schweigen. Soviel Gefügigkeit hatte ich in meiner Praxis schon lang nicht mehr erlebt.
Einige Monate später dachte Lucy ernsthaft und zum ersten Mal in ihrem Leben darüber nach, was die Zurückweisung durch die Mutter für sie bedeutete. Unser Gespräch über den Kern der Dinge ist exemplarisch für solche Fälle.
Ich fragte: »Wie würde Ihre Mutter reagieren, wenn Sie von ihr verlangen, Sie und Ihre Tochter in Ruhe zu lassen?«
Lucy meinte: »Sie würde vermutlich den Mund nicht mehr zukriegen. Sie würde sich aufregen und mich hassen.«
»Sind Sie sicher?«
»Völlig.«
»Was würde sie tun? Versuchen, bei Ihnen Schuldgefühle hervorzurufen?«
Lucy überlegte. »Vermutlich. Wahrscheinlich würde sie zu weinen anfangen.«
»Weinen? Warum?«
»Wegen dem, was ich gesagt habe. Sie würde sich dadurch verletzen lassen.«
Mein Kommentar: »Sie würde sich verletzen lassen, sehr richtig. Meinen Sie aber, es sei wichtiger, Ihrer Mutter die Tränen zu ersparen, als erwachsen zu werden?«
»Nein.«
»Ist es wichtig genug, erwachsen zu werden, selbst wenn Ihre Mutter weint?«
Lucy überlegte. »Ja. Ich muß ja.«

»Sie müssen gar nichts, wissen Sie«, erklärte ich.
»Ich will erwachsen werden.«
»Dann sollten Sie auch lernen, für sich einzutreten.«
»Das will ich auch.«
»Dafür müssen Sie einen bestimmten Preis bezahlen, das ist Ihnen doch klar, oder?«
»Ja.«
»Was für einen Preis werden Sie bezahlen?«
»Mich bei dem, was ich sagen oder tun muß, nicht darum kümmern, daß sie sich aufregt und verletzt fühlt. Das tut sie sich nämlich selbst an.«
»Stimmt genau. Können Sie das ertragen?«
»Ich versuche es.«
»Sehr gut. Versuchen Sie es. Wenn Sie das nämlich nicht tun, was passiert dann?«
»Ich bleibe weiter ein kleines Baby, das sein Leben lang vor allem Angst hat.«
»Ihr Leben lang, ja. Und wenn Ihre Mutter dann stirbt, was geschieht mit Ihnen?«
»Ich wäre völlig verloren.«
»Und das muß doch nicht sein, oder?«

Verstehen Sie mich an diesem Punkt nicht falsch. Ich habe nie behauptet, daß es nicht wichtig ist, von anderen Menschen geliebt und geachtet zu werden. Das Leben ist nicht sehr vergnüglich, wenn man es ganz allein und isoliert verbringt und sich niemand darum schert, ob man lebt oder stirbt. Trotz der Einschränkungen, die ich erläuterte, halte ich eine intime Beziehung für einen der segensreichen Gaben im Leben. Nur wenige Dinge bringen uns so viel Zufriedenheit und Glück wie unsere Liebsten und Freunde, deren Gesellschaft wir hoch schätzen.
Auf dieser Grundlage sei gesagt, daß viel Elend in unserem Leben davon herkommt, daß wir die Zustimmung unserer Nächsten zum zwanghaften Zentralthema machen. Sicher, sie ist wichtig, aber reden Sie sich bloß nicht ein, es wäre für Sie eine Frage auf Leben oder Tod. So stufen Sie sie aber ein, wenn Sie

sich von jedem herumschubsen und ausnützen lassen. Sie haben ihr Einverständnis und ihre Anerkennung so überbewertet, daß sie dafür ihre Selbstachtung geopfert haben, und was ist ohne sie noch liebens- und bewundernswert an Ihnen.

Wenn Sie ehrlich für andere wichtig und beliebt sein wollen, schlagen Sie sich den Irrglauben aus dem Kopf, Sie müßten alles tun, was die anderen wollen. Anstatt so hündisch um ihre Liebe zu betteln, sollten Sie energisch danach streben, ihre Achtung zu erringen. Jemand, der vor Ihnen keinen Respekt haben kann, wird vermutlich später auch keine Liebe für Sie übrig haben. Kuscheltiere und Babys können wir lieben, ohne sie zu achten. Aber bei Erwachsenen funktioniert das nicht so. Um sich also die Art von Liebe zu erwerben, nach der man sich immer sehnte, muß man lernen, die Mitmenschen zu frustrieren, wenn einem die Sache wichtig genug und dem anderen nicht so wichtig ist. Warum sollten Sie in so einem Fall ihre Meinung nicht durchsetzen?

Wenn dem anderen dagegen die Sache sehr wichtig ist und Ihnen nicht, dann geben Sie nach. Das ist nur recht und billig. Menschen, denen das Selbstbehauptungsvermögen fehlt, erkennen nicht einmal, wenn etwas für sie bedeutsam und für den oder die anderen bedeutungslos ist. Beispielsweise eine Mutter, die den ganzen Tag auf den Füßen war und sich nach einer stillen Stunde am Abend sehnt, hat jedes Recht, den Kindern die Bitte abzuschlagen, sie noch in den Eissalon zu kutschieren. Sie brauchen nicht noch einen Nachtisch. Sie sind nicht halb so müde wie sie, weil sie nicht das Haus saubergemacht haben. Wenn ihnen sehr viel am Besuch des Eissalons liegt, können sie ja mit dem Rad oder Bus fahren oder laufen.

Allzu häufig werden solche einfachen Akte der Selbstbehauptung nicht begangen, weil sich die Mutter nicht verdeutlicht, daß ihre Ruhepause wichtiger ist, als die lieben Kleinen bei Laune zu halten.

Vermutlich werden die Kinder gegen diese Manifestation des gesunden Eigeninteresses protestieren und meckern. Das ist eine normale Konsequenz und nicht ernst zu nehmen. Schließlich ist es nur logisch – wenn die Kinder es aushalten, von der Mutter ein paar Stunden nicht geliebt und anerkannt zu werden, erträgt es auch die Mutter schadlos eine Weile. Sie ist ja angeblich die stärkere und reifere Person. Und so benimmt sie sich auch.

Die Angst vor finanzieller Unsicherheit

Mehr Leute als man gemeinhin glaubt, harren in ungeliebten Jobs aus, weil sie das Geld brauchen. Und mehr – meist weibliche Menschen harren in unglücklichen und sogar miserablen Ehen aus, weil sie das Geld brauchen. Die Angst, zu hungern oder pleite zu sein, ist für diese Leute ausreichend Grund, um in ihrem Elend zu bleiben. Männer und Frauen lassen sich an miese Jobs oder Ehen fesseln, weil sie dadurch wenigstens ein Dach über dem Kopf und einen vollen Magen garantiert bekommen.
Das ist ihnen nicht übel zu nehmen. In erster Linie möchten sie leben, wenn auch nicht in großem Stil. Andererseits mag der Preis für Kost und Logis sehr teuer sein, nämlich eine völlige Unterordnung unter unvernünftige und herrschsüchtige Chefs, Eltern oder Partner. Meiner Erfahrung nach werden eine verblüffend große Anzahl Ehen nicht durch Liebe, sondern durch Geld zusammengehalten. Meistens ist es die Frau, die vom Verdienst des Mannes abhängt. Wenn sie nicht nach seiner Pfeife tanzt, wirft er sie auf die Straße. Das fürchtet sie jedenfalls.
Es zeigt sich ja in jüngster Zeit, so lange das Scheidungsrecht liberal bleibt und den Frauen angemessenen Unterhalt zuspricht, oder so lange der Markt den Frauen gut bezahlte Positionen bietet, daß viele Frauen den Mut haben, ihr drückendes Joch abzuschütteln. Was sich oft als Liebe maskiert, ist in Wirklichkeit die Angst, ohne einen Pfennig auf der Straße zu stehen oder den Lebensstandard drastisch zu beschneiden.
Um dieser Drohung zu begegnen, ist es besonders für Frauen wichtig, eine Berufsausbildung abzuschließen und sich so gut wie möglich auf dem neuesten Stand zu halten. Besuchen Sie weiterführende Schulen und Kurse, bewerben Sie sich für besser bezahlte Stellungen, sparen Sie Geld, und wenn Sie sich dann in

einer unerträglichen Situation befinden, können Sie gehen. Sie haben sich auf den Bruch vorbereitet und können nun auf eigenen Beinen stehen.

Im Gegensatz zur landläufigen Propaganda sind die besten Dinge im Leben nicht kostenlos. Saubere Luft ist nicht kostenlos, ebenso wenig wie Nahrung, Heizung, Kleidung, Wohnung, Beförderung oder medizinische Betreuung. Seelenfrieden, der ja von einer gewissen Sicherheit abhängt, ist auch nicht kostenlos. Für ein angenehmes Leben bezahlt man mit Bargeld. Je weniger Sie haben, desto mehr werden Sie leiden. Je mehr Sie haben – mit gewissen Einschränkungen – desto besser und sorgenfreier werden Sie leben. Selbst wenn man sich mit Geld nicht alles kaufen kann, sichert es einem doch eine Menge Annehmlichkeiten und Glück in der Form von gutem Essen, Reisen, einem schönen Heim und einer Flasche edlen Weins. Menschen, die sich die guten Dinge leisten können, die das Leben zu bieten hat, können es zweifellos mehr genießen, als die Menschen, denen die Mittel dazu fehlen.

Heben Sie sich Ihre romantische Vorstellung für die Ferien auf, daß die Blumen für alle duften. Wenn Sie nicht satt sind, werden Sie nicht an den Blumen riechen, sondern sie essen. Geld ist nicht die Quelle allen Übels, sondern die Armut.

Wenn Sie also unter einem Tyrannen leiden, der die Knute über Ihrem Kopf schwingt, lehnen Sie sich also erst gegen ihn auf, wenn Sie sichergestellt haben, daß Sie überleben, wenn Sie Heim und Job verlassen und sich scheiden lassen. Vielleicht brauchen Sie zur Überbrückung Sozialhilfe, das hängt von Ihnen ab. Wenn eine Situation unerträglich genug ist, werden Sie sie ändern. Aber legen Sie sich erst ins Zeug, wenn der Rückzug geordnet ist.

Die faulen Ausreden

Jedem von uns fallen die besten Argumente und Rationalisierungen ein, wenn wir liebgewordene Gewohnheiten oder selbst absurde Pläne verteidigen. Mit diesen psychologischen Tricks, die wir bei uns selbst anwenden, machen wir uns und anderen vor, absolut vernünftig zu handeln. Sie dienen uns auch als faule Ausreden, nur um sich nicht auf die Hinterbeine zu stellen, sondern passiv zu bleiben.

Rationalisierung und Selbstbehauptung

Um das Leben in den Griff zu bekommen, ist es unabdinglich, mit den endlosen Ausreden aufzuhören, warum Sie Ihre Beschwerden nicht auf den Tisch legen können. Natürlich wird einem Angst, wenn die Stunde der Wahrheit gekommen ist. Doch wenn Ihnen an der Achtung Ihrer Mitmenschen gelegen ist, wenn Sie sich nicht länger minderwertig und manipuliert fühlen wollen, sollten Sie der Wahrheit ins Gesicht sehen: Sie können Selbstbehauptung nur erlernen, wenn Sie mit der Selbstbehauptung anfangen. Wenn Sie sich feige vor der Aufgabe drücken und sich eine Ausrede nach der anderen einfallen lassen, werden Sie Ihre üble Gewohnheit nie überwinden.
Nun mögen Sie einwenden, daß Ihr Boß Sie feuert, wenn Sie ihm widersprechen. Wenn das wirklich zutrifft, ist es höchste Zeit, sich einen anderen Job zu suchen, denn früher oder später werden Sie wieder nicht einer Meinung sein. Wenn er Sie nur als Mitarbeiter duldet, so lange Sie ihm nach dem Mund reden, sind Sie gut beraten, ihm den Kram hinzuwerfen.

Noch gescheiter wäre aber die Feststellung, daß er Sie wegen Eigenmächtigkeit oder Einwände nicht feuern wird. Im Gegenteil wird er vermutlich einen gesunden Respekt vor Ihnen bekommen. Wenn Sie eine Vorstellung haben und sie anbringen, wird Ihr Selbstvertrauen die anderen beeindrucken. Die Person an der Spitze ist auf solche Höhen nicht durch Katzbuckeln und Lippenbekenntnisse gelangt. In einer gut geführten Organisation schaffen nicht nur die liebenswürdigen, sondern mehr noch die fähigen, talentierten Zeitgenossen den Weg nach oben. Wie anders aber sind Fähigkeiten zu erkennen, als wenn sie gezeigt werden, selbst unter Risiko? Im verborgenen blühende Talente sind so gut wie nicht existent.

Eine andere beliebte Ausrede ist, es hätte ja doch keinen Sinn. Es würde ja doch nicht klappen, selbst wenn er oder sie standhaft bliebe. Wenn Sie das wirklich und ehrlich glauben, kriegen Sie natürlich keinen Fuß auf die Erde und werden es auch gar nicht erst probieren. Und was werden Sie später sagen? Daß Sie recht gehabt haben? Wahrscheinlich. Aber dann sollten Sie auch erkennen, daß Sie nicht die Zukunft vorausgesehen, sondern sie selbst bestimmt haben. Mit dem gleichen Recht könnte man feststellen, daß man nach Schweiß riechen wird, ob man sich nun duscht oder nicht. Wer daraufhin das Waschen unterläßt, wird mit Sicherheit stinken, oder?

Wenn Sie erreichen wollen, daß andere Leute Ihnen nicht mit ungerechtfertigten Forderungen kommen und Ihnen die Zeit stehlen, müssen Sie einen positiven Standpunkt einnehmen. Sie wissen erst, was alles in Ihnen steckt, wenn Sie es probieren. Und bis zu einem gewissen Punkt werden Sie Fortschritte machen, wenn Sie es nur versuchen. Wenn Sie die Hände in den Schoß legen, dann haben Sie wahrlich versagt. Räumen Sie mit der Gewohnheit auf, sich nach den Vorstellungen anderer zu richten, und zwar heute, noch diese Stunde. Tun Sie das, was Ihnen wichtig ist.

Eine dritte faule Ausrede ist, man hätte ja diese Woche Selbstbehauptung üben wollen, es hätte sich aber keine Zeit und Gelegenheit ergeben. Unsinn. Es gibt immer Zeit und Gelegenheit, um

etwas so Wichtiges wie die Rettung der psychischen Gesundheit einzuüben. Die Kellnerin hat sich bei der Bedienung viel Zeit gelassen? Hätten Sie sie nicht mahnen können? Und das Mädchen hinter dem Schalter, das ungeniert Privatgespräche führte? Hätten Sie es nicht unterbrechen können?
Und der Blinde vor dem Haus an der Haltestelle, der nach der Klinke tastete? Hätten Sie ihm nicht helfen und den untätig Gaffenden gleich noch ein paar passende Worte sagen können?
Fallen Ihnen jetzt noch ein paar entsprechende Beispiele ein?
Wenn Sie Ihre Gedanken erst einmal in diese Richtung gelenkt haben, werden Sie noch auf eine Fülle von anderen Gelegenheiten stoßen, wo sie üben können, zu sagen, was Sie denken. Also Schluß mit den faulen Ausreden. Es gilt, eine Aufgabe zu erledigen. Packen Sie sie an!

Der Unterschied zwischen Egoismus und Eigeninteresse

Wenn ich meinen Patienten rate, gut zu sich selbst zu sein, verwirrt sie das immer. Sie fühlen sich auf der einen Seite egoistisch (und schuldbewußt), und auf der anderen Seite selbstlos (aber frustriert). Ich habe bereits wiederholt erwähnt, daß eine Beziehung durch übermäßige Opfer eines Partners, um dem anderen zu gefallen, eher zerbröckelt als besser wird. Wie aber soll man sich für das Eigeninteresse einsetzen, wenn man sich dabei schuftig vorkommt, weil man dem anderen ja absichtlich Frustrationen bereitet?
Um das auseinanderzuhalten, ist es wichtig, den gravierenden Unterschied zu erkennen zwischen dem gesunden Egoismus, dem Vertreten des Eigeninteresses und dem übertriebenen Egoismus, der Egozentrik, für die das Ich im Mittelpunkt steht, also der krassen Selbstsucht. Wenn Sie ein erwachsener Mensch mit Reife werden und nicht von anderen mißbraucht werden wollen, müssen Sie diese Unterscheidung unbedingt treffen. Wenn Ihnen beide Begriffe nicht eindeutig klar sind, fühlen Sie sich entweder

in Ihrer Haut unwohl, weil sie der Familie einen Wunsch abschlagen, oder Sie fühlen sich mißbraucht, weil Sie schon wieder nachgegeben haben. Ich will also beide Begriffe definieren:
Sie liegen bequem mit einem Kissen unter dem Kopf auf dem Sofa, futtern Pralinen und scheuchen Ihre Familie, Ihre Lieblingsplatte aufzulegen und still zu sein, um Sie nicht beim Lauschen zu stören, Ihnen Kaffee zu kochen und das Fenster zu öffnen, damit Sie die Brise genießen können. Das ist selbstsüchtig, weil Sie von anderen verlangen, Ihnen jeden Wunsch von den Augen abzulesen, ohne daß diese mit der geringsten Gegenleistung rechnen können. Der selbstsüchtige, egozentrische Mensch will also nehmen, ohne zu geben.
Ein Mensch mit Eigeninteresse liegt auch gern auf dem Sofa, futtert Pralinen und läßt sich gern verwöhnen, aber im Gegensatz zum Selbstsüchtigen will er auch für die anderen etwas tun als Gegenleistung für ihre Gefälligkeiten.
Was wäre also daran selbstsüchtig, von der Frau eine Tasse Kaffee serviert kriegen zu wollen, wenn man gerade den Abwasch gemacht hat. Und was ist daran selbstsüchtig, wenn sie einem den Abwasch überläßt, nachdem sie gerade die Mahlzeit gekocht hat? Und was ist daran selbstsüchtig, sich von ihr die Lieblingsplatte auflegen und das Fenster öffnen zu lassen, wenn man gerade die Kleider aus der Reinigung geholt hat?
Das sind keine selbstsüchtigen Forderungen, sondern Leistungen auf Gegenseitigkeit, wo erwiesene oder erwartete Gefälligkeiten zurückgezahlt werden. Sie besagen, daß Sie wichtig sind und daß Ihr Partner oder Ihre Partnerin es auch ist. Jeder der beiden hat Rücksicht und Aufmerksamkeit verdient. Auf dieser Basis funktionieren Geschäfte, Gemeinden und Ehen. Es ist ein Arrangement, bei dem sich keiner schuldig zu fühlen braucht. Wenn Sie sich selbst etwas wert sind, dürfen Sie rechtmäßig erwarten, daß Ihre Dienstleistungen gewürdigt werden. Das heißt natürlich nicht, daß Sie für jeden Handschlag eine Medaille wollen. Wenn Sie Ihrem Kind Süßigkeiten mitgebracht haben, ernten Sie nur ein Lächeln und ein Dankeschön. Stehen Sie aber lange Zeit in enger Verbindung zu einem Menschen, dann wollen Sie nicht

immer nur der Gebende sein. Irgendwann soll auch vom anderen etwas kommen, wenn auch nicht im Gegenzug. Aber auch mal etwas empfangen zu wollen, ist keine unvernünftige Regung.
Sich schuldig zu fühlen, weil man Gegenleistungen wünscht, ist neurotisch. Der immer Gebende verzieht den anderen, während er selbst konstant zu kurz kommt und sich miserabel fühlt, was weder eine Ehe noch eine Freundschaft oder Geschäftsbeziehung unbeschadet aushält. Damit diese Verbindungen laufen und die Arrangements nicht kränkeln, muß man die Eigeninteressen wahren, ohne selbstsüchtig zu sein. Es muß Schluß mit den Schuldgefühlen sein, wenn man sich selbst etwas Gutes tut. Für sich selbst zu sorgen, ist richtig und moralisch gerechtfertigt, jedenfalls bis zu dem Punkt, wo man selbst relativ zufrieden ist und die gleiche Zufriedenheit beim Partner erlebt. Ist es denn falsch, an sich selbst, der eigenen Gesundheit, seinem Aussehen und Fortkommen interessiert zu sein? Nein, denn das ist gesundes Eigeninteresse. Sie würden doch nicht sich (oder dem anderen) im Ernst absprechen, daß er ein Recht auf saubere Kleidung hat? Das liegt im jeweiligen Eigeninteresse. Oder an einem guten Essen? Einem Anruf von einem Freund? Das steht ihm zu. Die Liste könnte beliebig fortgesetzt werden.
Die Wahrung der eigenen Interessen, gelegentlich, aber nicht dauernd auf Kosten des anderen, ist gesund und notwendig, wenn Sie auf unbeschwerte Beziehung Wert legen. Sie mögen das egoistisch nennen, aber das spielt keine Rolle, sondern nur die Tatsache, daß Sie sich selbst wichtig sind, auch wenn Sie das nicht in den Augen aller anderen im Städtchen sind. Wenn Sie sich nämlich nicht in vernünftigem Maß um Ihr eigenes Wohlbefinden kümmern, werden Sie feststellen, daß es auch kein anderer tut.

Blinde Heldenverehrung

Den eigenen Weg finden und auch zu beschreiten, ist nicht immer leicht.
Bei den Bestrebungen zur Selbstbestimmung und -behauptung

erweist sich als größtes Hindernis unsere Angst, nicht in Zustimmung mit den Menschen zu handeln, die wir auf ein hohes Podest gestellt haben, wozu unsere Eltern gehören.

Wir haben beigebracht bekommen, den Älteren Respekt zu bezeugen und unseren Vater und unsere Mutter zu ehren. Diese Lehre ist sehr verdienstvoll. Bis zu dem Zeitpunkt, wo die jungen herangereift und in der Lage sind, vernünftige eigene Entschlüsse zu treffen, fahren sie nicht schlecht, den Rat derjenigen zu befolgen, die es gut mit ihnen meinen.

Wie steht es aber, wenn Sie alt genug sind, selbständig zu denken, Zugegebenermaßen haben Sie als Teenager eine Menge Anleitung nötig, aber auch mit Achtzehn? In manchen Fällen noch immer. Und mit Zwanzig? Und später? Müssen Sie da immer noch am Händchen gehalten werden?

Es ist kaum zu glauben, aber ich stoße immer wieder auf Menschen in den Dreißigern oder Vierzigern mit durchschnittlicher Intelligenz, die sich nicht trauen, anderer Meinung als ihre Eltern zu sein. Sie glauben fest, mangelnde Zustimmung bedeute Respektlosigkeit, und lassen sich bei den unglaublichsten Dingen gängeln.

Ein Mann von Mitte Dreißig bekam von seiner Mutter gesagt, sie erwarte ihn und seine Familie für die Weihnachtsfeiertage. Er hatte indessen gerade seiner Frau versprochen, daß sie die Woche bei ihren Eltern verbringen würden. Was sollte der arme Kerl also tun? Die Wünsche seiner Mutter zu mißachten, bedeutet Respektlosigkeit. Er war ein gehorsamer Sohn, der seine Mutter ehrte und liebte. Er wollte ihre Gefühle nicht durch eine Zurückweisung verletzen.

Als er seiner Frau eröffnete, daß er sein Versprechen zurücknehmen wollte, kriselte es so in der Ehe, daß sie sich meiner Beratung anvertrauten. Hier sind einige der Fakten, die ich dem Mann klarzumachen versuchte:

Erstens braucht er wegen der verletzten Gefühle seiner Mutter kein schlechtes Gewissen zu haben, weil er nicht für sie verantwortlich ist. Hätte sie nicht so viel Selbstmitleid gehabt, weil es nicht nach ihrem Kopf ging, hätte sie die Frustration recht gut ausgehalten, auch wenn sie den Entschluß ihres Sohnes unfair fand. Wenn nötig, hätte der Sohn ihr empfehlen können, sich in eine Therapie zu begeben, wo sie lernt, nicht auf so selbstzerstörerische Weise zu reagieren.

Zweitens ist es von ihm unsinnig, eine Meinungsverschiedenheit mit Unehrenhaftigkeit gleichzusetzen. Wenn es in der Vergangenheit oft nach dem Kopf der Mutter gegangen war, wäre es nur recht und billig, nun den Wünschen seiner Frau und deren Mutter den Vortritt zu lassen. Es war von seiner Mutter selbstsüchtig und falsch, immer auf der Befriedigung ihrer Wünsche zu bestehen. Gegen ihre Wünsche zu handeln hieß nicht, ihr den Respekt zu versagen. Warum soll er sie wegen all der wunderbaren Dinge, die sie für ihn getan hat, nicht ehren und lieben, ungeachtet der Tatsache, daß er ihre derzeitige Vorstellung für ungerechtfertigt hält?

Drittens grenzt es an Götzenanbetung oder blinde Heldenverehrung, sie so zu behandeln, als könne sie sich nie irren. Damit stellt man einen fehlerbehafteten Menschen als allwissend auf einen Denkmalsockel. Aber sie ist kein Übermensch und gehört nicht auf das Podest. Sie so zu erhöhen, leistet ihr einen gefährlichen Bärendienst. Sie ist ein Mensch wie du und ich und trifft die gleichen unklugen Entscheidungen wie wir alle. Sie ist wie meine Eltern und Ihre Eltern, und das tut unserer Liebe keinen Abbruch.

Viertens verhätscheln und verziehen wir unsere Eltern sehr, wenn wir ihnen immer nachgeben. Nur wenige Menschen können wie Götter angebetet werden, ohne größenwahnsinnig zu werden. Deshalb müssen sie auf der Suche nach Unabhängigkeit lernen, zu sagen und zu tun, was Sie meinen, selbst wenn das den geliebten Nächsten und Angehörigen nicht paßt. Sie werden ebenso davon profitieren wie sie, und es trägt dazu bei, daß Sie erwachsen werden.

Wer davon überzeugt ist, hat recht?

Es gibt noch eine teuflische Methode, andere zu beherrschen, weil sie sie nicht durchschauen und sich deshalb einwickeln lassen. Das ist der Glauben, der andere habe recht, weil er oder sie so davon überzeugt ist. Wer so sicher ist, kann sich doch nicht irren, wie in dem Witz: Kuhmist schmeckt gut – Milliarden Fliegen können sich doch nicht irren . . .

Alices Verwirrung

Die junge Frau kam zu mir, weil sie ein Leben lang unter diesem Problem gelitten hatte, besonders aber während ihrer Ehe. Sie war alles andere als dumm, konnte ihren Standpunkt gut vertreten, und doch gab sie den Wünschen ihres Mannes immer wieder nach und kam sich für dumm verkauft vor, was sie mit Groll erfüllte.

Mein erster Vorschlag war, sie habe wahrscheinlich vor der Standhaftigkeit Angst, weil sich herausstellen könnte, daß sie falsch lag. Diese Beschreibung ihres Verhaltens schien ihr aber nichts ins Schwarze zu treffen. Dann meinte ich, sie hätte Angst vor der Selbstbehauptung, weil er darauf mit Zorn und Zurückweisung reagierte, ein anderer, weit verbreiteter Grund für Mangel an Zivilcourage.

Doch auch diese Motivierung schien bei ihr nicht zuzutreffen. Sie dachte ernsthaft an Scheidung, während wir das beratende Gespräch führten. So stark konnte also ihre Furcht vor Zurückweisung nicht sein.

Sie dachte eine Weile angestrengt nach, hatte einen Gedankenblitz und gab mir folgende Erklärung:

»Ich gebe Joe nach, weil er bei einer Meinungsverschiedenheit so absolut selbstsicher auftritt. Wenn mir jemand begegnet, der seiner Sache so sicher zu sein scheint, daß er sein Leben darauf wetten würde, lasse ich mich automatisch beeindrucken und meine, im Unrecht zu sein. Ich glaube nicht, daß ich jemals so viel Selbstsicherheit erreichen kann. Wenn ich also auf so einen Fels stoße, nehme ich sofort an, dieser Mensch weiche nicht von seiner Position ab, weil das ein Fehler wäre.«

Das war des Pudels Kern. Genau diese Reaktion hatte ich bei mir und bei anderen sehr häufig festgestellt. Es ist nicht der Klügste, nach dem sich die anderen richten. Es ist meist der Mensch, der seine Überzeugungen so bestimmt vertritt, daß die anderen sie für absolut richtig halten und sich närrisch vorkämen, sich dagegen aufzulehnen.
Am wenigsten traut man sich, ungreifbare menschliche oder pseudowissenschaftliche Behauptungen anzufechten. Bei einer Party behauptete Harry, ein modernes, stromlinienförmiges und ein altes Flugzeug, die 100 Stundenkilometer fliegen, schaffen bei 10 km Gegenwind nur 90 Stundenkilometer. Was zutrifft. Peter widersprach sofort, daß der Gegenwind dem schnittigen Modell weniger ausmachen würde. Er argumentierte so gekonnt, daß in Kürze alle umstehenden Männer seine Theorie glaubten.
Vielleicht ist es Ihnen auch schon so gegangen, daß Ihnen der Kauf eines Hauses oder eines Autos klug vorgekommen war, aber Sie sich hinterher fragten, was für ein Teufel Sie geritten hat. Dann fiel Ihnen wieder der mit großer Überredungskunst begabte Verkäufer ein. Warum war er so überzeugend? Weil er sicher war, recht zu haben. Ihre Zweifel schmolzen vor der Kraft seiner Überzeugung dahin. In einem Moment der Schwäche schwankten Sie in Ihrer Position der Vernunft, und schon befanden Sie sich im Sog, der Sie hinriß.
Lassen Sie sich nicht von den vehement vorgetragenen Überzeugungen anderer vorspiegeln, sie hätten die Wahrheit und Weisheit mit Löffeln gefressen. Das mag natürlich zutreffen. Aber die Narren sind weiter verbreitet als die Weisen. Der beste Weg ist also, nicht der eigenen Leichtgläubigkeit in die Falle zu gehen, und bei vermeintlicher Besserwisserei anderer auf das zu hören, was gesagt wird, anstatt sich vom Wortschwall wegschwemmen zu lassen. Was Sie wollen, gilt!
Da nun die Zusammenhänge klar waren, ist es kein Wunder, daß Alice sich keine Gehirnwäsche mehr verpassen ließ, sondern ihrem redegewandten und überwältigenden Gatten auf den Mund schaute und unterscheiden lernte, was Inhalt und

Sache war und was heiße Luft. Um so leichter konnte sie von nun an für ihre Überzeugungen eintreten.

Mangel an Bildung oder Wissen

Eine saubere Art, Menschen die Selbstachtung zu beschneiden und sie anschließend zu überrollen, ist, ihnen zu demonstrieren, daß sie keine Ahnung haben, weil es ihnen an Erziehung und Ausbildung fehlt. Das ist eine beliebte Masche für bestimmte Snobs, die jeden, der nicht eine Eliteuniversität besucht hat, für einen Provinzler halten. Auch wenn sie selbst knapp das Abitur geschafft haben, lernen sie schnell, daß der wunde Punkt bei weniger Gebildeten ihre geringere Schulbildung ist. Manche sind deswegen nicht nur verlegen, sondern demütig und zaghaft, als gehörten sie zu einer niedrigeren Rasse. In dieser Gemütslage bieten sie sich geradezu als Opfer für Übergriffe an.
Das beginnt damit, daß sie sich in ihrer Muttersprache nur ungenügend ausdrücken können und Grammatik und Orthografie nicht beherrschen, etwa auch noch Dialekt sprechen. Wenn sich die anderen über Verdi, Bloch oder Tintoretto unterhalten, verstummen sie betreten. Sie meinen, nicht das Recht zu haben, gegen die anderen mit so viel Bildung zu argumentieren. Je länger dieser Zustand andauert, desto verbitterter und defensiver werden sie, oder aber sie geben sich auf und lassen den Kopf hängen.
Diese Menschen haben noch nie von konkreter Intelligenz gehört. Das ist etwas anderes als abstrakte Intelligenz, die für lesen und schreiben erfordert wird. Konkrete oder praktische Intelligenz erwirbt man beispielsweise auf einer Wanderung, wenn man sich verlaufen hat, wenn man die Familie in einer Krise bei geringem Einkommen improvisierend durchbringt. Menschen mit praktischer Intelligenz sind geborene Führer, treffen Entscheidungen und verlassen sich auf ihren gesunden Menschenverstand, der in der Praxis erprobt wurde. Und das sind Dinge, die man nicht aus Büchern lernen kann.
Ich kenne eine Reihe von hellen, aber ungebildeten Menschen,

die sich keineswegs unterlegen fühlen. Als logische Konsequenz sind sie erfolgreich, gut angepaßt und glücklich. Einer meiner Nachbarn stand mit der Grammatik auf Kriegsfuß, aber er leitete ein angesehenes Unternehmen und war Millionär. Und ich kenne einige Männer mit Universitätsabschluß, die sich zwar mit den Begattungsriten der sibirischen Moschusochsen auskennen, aber nicht einmal in der Lage sind, Schneeketten aufzuziehen. In der Vergangenheit standen viele intelligente und gebildete Monarchen und Führer an der Spitze von Nationen, unter deren Herrschaft folgenschwere Fehler passierten. Selbst heute erleben wir allenthalben Beispiele dafür, daß Intelligenz und Bildung keine Allheilmittel für Probleme sind, so daß also kein Grund besteht, diese Götzen anzubeten. Geistreiche Menschen können labil sein, ungebildete Menschen können reif sein. Oft macht die menschliche Reife den Unterschied zwischen einem klugen und einem katastrophalen Entschluß. Einer der intelligentesten und gebildetsten Menschen, denen ich begegnete, war nicht in der Lage, den einfachsten Job zu halten, und damit meine ich Tellerwäscher oder Platzanweiser.

Ich will den Wert von Erziehung und Ausbildung nicht bagatellisieren. Trotz meiner Vorbemerkungen ist Bildung natürlich für die eigene und gesellschaftliche Weiterentwicklung von Bedeutung, und jeder sollte soviel lernen wie möglich. Aber das heißt nicht, daß jeder, der mehr als die Grundschule absolviert hat, ein Genie ist und auf die anderen herunterschauen und sie scheuchen kann. Ich habe nichts gegen Respektbezeugung, aber sie soll erworbener Weisheit und nicht auswendig gelernten Fakten gelten. Die Eigenleistung an Reife hat einen Meisterbrief verdient, nicht die Macht durch einen akademischen Abschluß.

Lassen Sie sich also nicht durch schöngeistiges Blabla imponieren und machen Sie bei gebildeten Leuten keinen Rückzieher, weil auch die nicht immer recht haben. Wenn seine oder ihre Behauptungen nicht stimmen, widersprechen Sie, genauso wie Sie es im Familienkreis tun würden.

Es ist keine große Sache

Viele Menschen reagieren auf eine Frustration oder Irritation übertrieben und bauschen sie auf. Wer beispielsweise gefeuert wird, redet sich ein, das sei der Weltuntergang und nicht nur eine unangenehme Erfahrung. Ein platter Reifen wird dann zur Katastrophe, anstatt als das gewertet zu werden, was es ist, etwas Störendes. Oder jemand weist Sie zurück, und Sie nehmen sich das schwer zu Herzen, wo es sich doch nur um ein alltägliches und dutzendmal im Jahr eintretendes Ereignis handelt. Über all diese Störungen im glatten Ablauf der Geschehnisse brauchten wir uns nicht aufzuregen, wenn wir lernen würden, nicht aus Mücken Elefanten zu machen.

Ironischerweise ist natürlich die gegenteilige Einstellung auch nicht segensreich. Wer sich bei jeder Frustration sagt, es ist ja keine große Sache, wird nacheinander vier Stadien durchlaufen. Zuerst werden Sie ruhig und gelassen. Zweitens wird die Frustration weitergehen, weil Sie ja nicht dagegen einschreiten. Drittens werden Sie sich unterdrückt fühlen, weil Ihnen jemand auf die Zehen tritt und Sie es sich gefallen lassen. Und damit sind wir beim vierten Stadium: unterdrücktem Ärger. Die Sache geht Ihnen schnell über die Hutschnur, und dann ist es mit der anfänglichen Gelassenheit vorbei.

Sarah und ihre beste Freundin Franka zogen zusammen, und das ging die ersten beiden Monate sehr gut. Dann merkte Sarah, daß Franka eine schlechte Gewohnheit hatte: Sie machte nie das Bad nach der Benützung sauber. Zuerst machte es ihr nichts aus, aber als es immer wieder vorkam, fand sie es sehr störend. Selbst Vorhaltungen prallten an Franka wirkungslos ab.

Um mit dieser Frustration fertigzuwerden, ließ Sarah zuerst die Kirche im Dorf und sagte sich, es sei keine Katastrophe, eine schlampige Wohnungsgenossin zu haben. So weit, so gut. Dann allerdings ging sie zu weit und verleugnete die Frustration. Um sich selbst zu überzeugen, daß sie sich nicht gestört fühlte, redete sie sich ein, es sei ja keine große Sache. Und da machte sie einen Fehler, denn das traf ja in Wirklichkeit nicht zu – die Schlamperei störte sie empfindlich.

Es gibt keinen Grund, nicht zuzugeben, daß wir frustriert sind, ohne daraus eine große Sache zu machen. Das mag eine Gratwanderung sein, aber diese Unterscheidung zu treffen, ist von größter Wichtigkeit. Hier ein Beispiel: Es bringt Sie nicht um, wenn Ihre Freundin immer zu spät zu einer Tennisverabredung aufkreuzt. Es ist keine Katastrophe. Aber es ist auch keine Bagatelle, die man übergeht. Sie brauchen sich die Unhöflichkeit nicht bieten zu lassen, warten zu müssen. Sie könnten also als Gegenmaßnahme nach einer bestimmten Frist fortgehen oder mit ihr in Zukunft keine Verabredungen mehr treffen.

Was ich hier betonen möchte, ist der Grundsatz, daß man ja nicht unter Frustrationen zu leiden braucht, wenn sie abzustellen sind. Sie irritieren einen und kosten Zeit und Energie. Jede Frustration erfordert von Ihnen Selbsttherapie, so lange sie anhält. Den Aufwand können Sie sich doch ersparen, oder? Es ist auf Dauer viel vernünftiger, den Übergriffen anderer einen Riegel vorzuschieben, als sich in Konzentrationsübungen zu ergehen, um die Unarten nicht als Katastrophen zu werten. Meinen Sie nicht auch?

Wenn sich das nächste Mal einer in der Schlange vordrängt, lassen Sie es nicht zu, weil es ja keine große Sache ist. Natürlich ist es keine große Sache, aber irritierend und unfair. Wenn Sie solche Ungezogenheiten nicht stoppen, wird sich bald jeder Ihnen gegenüber alles herausnehmen. Und über kurz oder lang verfallen Sie in die üble Gewohnheit, sich von anderen die Butter vom Brot wegnehmen zu lassen.

Falls Sie nicht – wie vermutet – zu den Menschen mit einem masochistischen, selbstzerstörerischen Einschlag gehören, rate ich Ihnen dringend, einen Aufstand zu machen, nicht einen tollen Aufruhr, aber gerade genug Theater, um das Unrecht zu korrigieren. Damit erleichtern Sie sich das Leben auf Dauer enorm. Sarah merkte bald, daß Franka für eine Wohnungsgemeinschaft zu undiszipliniert war und suchte sich eine andere Mitmieterin. Wofür sie unser Lob verdient!

Das hab' ich doch gleich gesagt!

Fehler zu machen, ist menschlich. Niemand ist da eine Ausnahme. Haben Sie sich dann jemals gewundert, warum Sie so beleidigt reagieren, nachdem Sie danebengegriffen haben und Ihnen vorgehalten wird, Sie seien ja rechtzeitig gewarnt worden? Ich meine hier den Komplex: Das hab' ich doch gleich gesagt.
Es bedeutet zweifelsfrei, daß wir empfindlicher auf die Feststellung unserer Fehler reagieren, als auf das Falschhandeln an sich. Wir fürchten uns so davor, Fehler vorgehalten zu bekommen, daß wir uns oft nicht trauen zu handeln. Wir überlassen anderen die Entscheidungen, nur um das schreckliche »Das hab' ich dir doch gesagt« nicht hören zu müssen.
Diese Rechthaberei hat etwas so erniedrigendes und bösartiges an sich, daß die meisten Menschen vor dieser Gefahr fast instinktiv zurückschrecken. Ein Beispiel mag die Schlagkraft dieser an sich harmlosen Worte illustrieren.

Der unsichere Sam

Sein ganzes Leben stand in dem Bestreben, niemandem eine Gelegenheit zu geben, ihm gemachte Fehler vorzuhalten, vor denen er gewarnt worden war. Er kaufte Aktien auf die Empfehlung eines Freundes hin, der an der Börse Erfolg gehabt hatte. Seiner Frau gefiel das nicht. Sie protestierte, er würde damit ihr letztes Hemd verspekulieren. Sam hörte zu, zögerte ein paar Tage und kaufte die Papiere dann doch. Er wiegte sich in dem Traum eines großen Coups und pfiff frohgemut vor sich hin. Zwei Monate später mußte er erkennen, daß seine Frau recht gehabt hatte. Sie hielt ihm das vor, bis es nicht mehr auszuhalten war.
»Wie konntest du gegen meinen Willen diese wertlosen Aktien kaufen? Habe ich dir nicht gesagt, daß sie eine schlechte Investition sind? Du und deine verrückten Ideen vom schnellen Reichtum!«
Sams Selbstbewußtsein wurde von solchen Reden schwer angekratzt. Er hatte die bittere Lektion gelernt, in Ordnung. Er hatte sie so gut gelernt, daß er nie wieder eine Aktie kaufte. Aber

damit war die Geschichte noch nicht zu Ende. Als sie sich ein neues Auto anschaffte, wollte Sam ein benzinsparendes Modell und schlug einen Kleinwagen vor. Seine Frau wollte sehen, wie komfortabel so ein Modell war, fand aber auch die Ersparnis als wichtigsten Gesichtspunkt.

Sam machte schon bald die Erfahrung, daß sein Moell nicht nur deshalb so billig war, weil es kleine Abmessungen hatte, sondern auch, weil es nicht solide und auf Haltbarkeit gebaut war. Zuerst versagten die Bremsen, dann die Wasserpumpe und so weiter. Seine Frau beobachtete diese Entwicklung mit zunehmender Gereiztheit und meckerte mit ihm wegen seines mangelhaften Urteilsvermögens herum. Über kurz oder lang warf sie ihm ihr »Das hab' ich dir doch gleich gesagt« an den Kopf, obgleich sie ursprünglich seine Entscheidung ja mitgetragen hatte. Sie verteidigte sich wortgewaltig: »Ich hatte von Anfang an meinen Zweifel, aber ich wollte nichts sagen! Schließlich kennen sich doch Männer angeblich mit Autos besser aus, oder?«

Sam erkannte schließlich, daß er weder so noch anders gewinnen konnte. Traf er gute Entscheidungen, steckte sie sich dafür die Federn an den Hut. Traf er schlechte Entscheidungen, wurde er als kompletter Narr hingestellt. Also verlegte Sam sich auf Sicherheit. Er lehnte sich zurück und ließ seine Frau machen, tat nichts, falls er nicht absolut sicher war, und überließ seiner Frau das Ruder.

Sollten Sie zwischen dieser traurigen Geschichte und Ihren Erfahrungen Parallelen entdecken, empfehle ich, sich eine dickere Haut zuzulegen, an der die bösartigen Retourkutschen des »Das hab' ich dir ja gleich gesagt« wirkungslos abprallen. Jeder, der wiederholt auf diese Taktik verfällt, ist unsicher und unreif. Sich wegen einer solchen Person aufzuregen lohnt nicht. Wenn Sie das nächste Mal etwas versieben und mit einer Zurechtweisung rechnen müssen, vergegenwärtigen Sie sich, welch armselige Kreaturen es sein müssen, die anderen auf die Füße treten und sie erniedrigen müssen, nur um sich groß und überlegen vorzukommen, wie beispielsweise mit dem Kommentar: »Das hab' ich dir ja gleich gesagt«.

Wenn du mich wirklich liebst . . .

Eine weitere Methode, andere Menschen zu passiven Opfern herabzuwürdigen, funktioniert über die Schuldgefühle. Gibt es eine bessere Möglichkeit, beim Partner ein schlechtes Gewissen hervorzurufen, als durch den Vorwurf, er oder sie liebe Sie nicht genug und nicht wahrlich. Durch diesen Zweifel an den echten Gefühlen läßt sich der angegriffene Partner zu den unglaublichsten Liebesdiensten anstiften. Da sagt er beispielsweise: »Wenn du mich wirklich lieben würdest, hättest du nichts gegen meinen Angelausflug.« Worauf sie sich wie eine Sünderin vorkommt, ihn ziehen und ihren Wunsch nach gemeinsamen Unternehmungen fallen läßt, als sei das ein unstatthaftes Begehren.

Kürzlich behandelte ich eine junge Frau, die sich zu einem Piloten hingezogen fühlte. Bei ihr wurde es eine ernste Liebesbeziehung, und er mochte sie auch sehr gern. Doch wenn er an seinem Heimatort war, wollte er sich die Freiheit nehmen, sich auch mit anderen Mädchen zu verabreden, ebenso wie er unterwegs auch seinen Neigungen zu folgen gedachte. Das paßte ihr nicht, und sie stellte ihm das Ultimatum: »Entweder bist du mir treu, oder ich mache Schluß.«

Er bäumte sich gegen diese Einschränkung auf und kam ihr mit dem Gegenargument: »Wenn du mich wirklich lieben würdest, hättest du Verständnis für meine Bedürfnisse. Ich bin noch nicht bereit, mich häuslich niederzulassen. Außerdem bin ich in London oder Paris einsam. Was erwartest du von mir? Daß ich jeden Abend in meinem Hotelzimmer fernsehe?«

Sie wollte von mir wissen, ob ihr Wunsch nach Treue unfair sei. Schließlich war er nicht mit ihr verheiratet und hatte also das Recht, mit anderen Frauen auszugehen oder zu schlafen. Vielleicht war es wirklich lieblos von ihr, ihm so harte Bedingungen zu stellen.

Ich schlug ihr die folgenden Überlegungen vor, die auch Sie in gegebenen Fällen anstellen sollten:

- Es stimmt, daß er das Recht hat, sich mit anderen Frauen zu verabreden, weil er nicht verheiratet ist.

- Sie hat das gleiche Recht. Stimmt er zu, daß auch sie in seiner Abwesenheit mit anderen Männern ausgeht? Nein? Dann hatte er nicht das Recht, sich Freizügigkeit herauszunehmen, die er ihr verweigerte.
- Seit wann ist es ein Beweis mangelnder Liebe, wenn sie ihn nicht mit anderen teilen will? Könnte man es nicht eher andersherum betrachten? Könnte sie nicht sagen: »Wenn ich dich wirklich lieben würde, würde ich dir verbieten, anderen Röcken nachzulaufen.« Warum nicht? Sicher wäre das eher eine Liebesbezeugung, als wenn sie freiwillig eine unter vielen sein will.
- Wer hat eigentlich die Behauptung aufgestellt, daß es ein Zeichen der Liebe ist, wenn man dem Partner nachgibt? Seit wann stimmt das? Wenn Ihr Freund Gift trinken möchte, würden Sie dann Ihre Liebe beweisen, indem Sie ihm den Giftbecher reichen? Wenn Ihr Mann Alkoholiker in einer Entwöhnungskur ist und Sie um einen Schnaps anfleht, würden Sie ihm einen eingießen, als liebendes Weib? Selbst sein Vorwurf . . .»wenn du mich wirklich liebst . . .« würde Sie dann nicht ins Wanken bringen, oder? Im Gegenteil, es wäre doch ein Akt der Liebe, ihm das vorzuenthalten, was ihm schadet.

Schließlich gilt gleiches Recht für alle, oder? Mit ebensoviel Berechtigung, wie der Partner über Sie die Knute mit seinem ». . . wenn du mich liebst . . .« schwingt, können Sie im Gegenzug mit Ihrem ». . . wenn du mich liebst . . .« verlangen, nicht mit unsinnigen Forderungen erpreßt zu werden.

Meine Patientin ließ sich alles durch den Kopf gehen und war auf ihn vorbereitet, als er das nächste Mal einflog. Der arme Freund stach in ein Wespennest von Einwänden. Sie schmetterte jedes seiner Argumente mit unschlagbar logischen Argumenten ab, so daß ihm nichts mehr einfiel. Als sie es schließlich mit dem Ausspruch krönte, wenn er sie wirklich liebte, würde er sie anders behandeln, sah er rot. Er verlor völlig die Haltung, wurde wütend, beschimpfte sie als Emanze und warf die Tür hinter sich zu.

Zu meiner Überraschung regte sich meine Patientin über diese Entwicklung nicht auf. Sie erkannte schnell, daß ein Mann keine Tränen wert war, der sie sofort über Bord warf, wenn sie sich nicht seinem Willen fügte. Sie hatte seine merkwürdigen Ansichten bisher hingenommen, weil sie sehr an ihm hing. Aber wenn er zu keinem bißchen Toleranz seinerseits bereit war und ihre Meinung anerkannte, konnte er ihr gestohlen bleiben. Was sollte sie mit so einer Beziehung anfangen?

Wer also darauf eingestellt ist, immer nur Liebe zu geben, kann eine/n Partner/in nicht lang liebenswert finden, der die immer nur nimmt und keine Anstalten macht, auch Liebe zu geben. Liebe ist keine Einbahnstraße, sondern eine Abmachung auf Gegenseitigkeit.

Mitleid mit anderen

Sagen und tun, was man meint, ist eine der schwierigsten Aufgaben, mit denen sich die Menschen herumschlagen. Wenn Sie aber fair oder auch nur lebenstüchtig sein wollen, müssen Sie lernen, genau das zu tun.

Nehmen wir einen Jungmanager, dem es nicht paßt, daß seine Sekretärin jeden Morgen quietschvergnügt zehn Minuten zu spät antanzt. Er sieht genau, daß den anderen Mitarbeitern diese Lässigkeit nicht paßt, mit der sie durchkommt, und daß sie aus Trotz in ihren Arbeitsleistungen nachlassen. Offensichtlich ist ein ernstes Gespräch mit der Sekretärin angesagt, aber er führt es nicht. Warum?

Weil er mit ihr Mitleid hat. Sie ist so sensitiv und kann keine Kritik vertragen. Macht man ihr Vorhaltungen, wird sie auch noch launisch. Und sie vergießt dicke Krokodilstränen, was den Jungmanager so rührt, daß er solche Szenen tunlichst vermeidet. Wenn das so weitergeht, wird sich das Betriebsklima verschlechtern. Der Chef hat Schuldgefühle, weil er so feige ist, und die Angestellten lehnen die Sekretärin ab und verachten den Chef. Und das alles nur, weil er zuviel Mitleid hat.

Nun mögen Sie fragen, was man da tun soll. Ist es nicht nur recht und anständig, auf die Gefühle anderer zu achten und Rücksicht zu nehmen? Soll man nicht für ihre Leiden Anteilnahme zeigen?

Das ist schon richtig. Aber es wäre vernünftiger, scharf zwischen Anteilnahme und (übertriebenem) Mitleid zu unterscheiden. Es ist ein Paar Stiefel, sich um das Wolbefinden eines Mitmenschen mit Rat und Tat zu kümmern, aber ein anderes, ihm oder ihr Mitleid entgegenzubringen. Der Jungmanager in unserem Beispiel zerfließt so vor Mitleid, daß er nichts unternimmt, was dem Mädchen helfen würde. Sie gewöhnt sich die Unsitte der Unpünktlichkeit an und sorgt für ein mieses Betriebsklima, weil er es ihr durchgehen läßt. Er befaßt sich nur mit einem Bruchstück ihres Wohlbefindens, wenn er die Betroffenheit wegen der Zurechtweisung an die erste Stelle rückt.

Ein Mensch mit wirklicher Anteilnahme würde sich das Gesamtbild betrachten und ohne Zögern eingreifen. weil das Mädchen weit mehr davon auf lange Sicht profitiert, wenn es die unreifen Vorstellungen ablegt und für sich die Verantwortung übernimmt. Oft drückt sich die Sorge um einen Mitmenschen am besten dadurch aus, daß man mehr von ihm erwartet und ihm eher Pflichten auferlegt, als Nachsicht übt.

Wenn Sie sich durch Ihr kreischendes und strampelndes Kind zu soviel Mitleid hinreißen lassen, daß Sie ihm die Polioimpfung ersparen, haben Sie ihm wohl kaum einen Dienst erwiesen. Das Kind wird Ihnen im Moment zwar dankbar sein, daß Sie ihm den Piekser erspart haben. Aber sollte es sich später anstecken, wird es Ihren mitleidigen Entschluß nicht mehr mit wohlwollenden Augen betrachten.

Es ist im allgemeinen schwer, hart zu sein. Anständige Menschen freuen sich nicht über die Leiden anderer. Sie identifizieren sich innerlich mit ihrem Kummer und wollen ihn so schnell wie möglich lindern. Aber genau diese Tendenz macht sie so leicht zum Opfer von Herrschsüchtigen. Millionen Eltern sind die Opfer ihrer Kinder. Sie haben Mitleid, wenn sich das Kind brüllend gegen die Arbeiten wehrt, die es aufgetragen bekommt.

Also wäscht die brave Mutter ab, während sich die halbwüchsige Tochter vor dem Fernsehen räkelt.
Millionen von Eheleuten sind Opfer ihrer Partner/innen. Sie haben mit dem anderen Mitleid, wenn Frustrationen auftreten. Er kommt hundemüde von der Arbeit und möchte einen ruhigen Abend zu Hause genießen. Sie will sich umbringen, wenn es nicht nach ihrem Kopf geht. Also schleppt er sich zu einer Party bei Leuten, die er nicht leiden kann. So geht es schon seit ihrer Heirat. Er merkt, daß er unter dem Pantoffel steht, fühlt sich aber ohnmächtig, dagegen etwas zu unternehmen. Er kann es einfach nicht mit ansehen, wenn andere sich aufregen und nimmt lieber die Last der ganzen Welt auf seine Schultern und verzichtet auf vieles.
Das Mitleid mit anderen kommt oft von besonders netten und anständigen Menschen, aber wenn sie zu mitleidig sind, ist es für die Bekümmerten nicht gerade hilfreich.

Die liebe Rollenverteilung

Eine der stärksten Fesseln, die uns passiv machen, ist die Definition der Rollen in unserer Kultur. Männer mähen Rasen, Frauen waschen.
Bei den Hühnern gibt es eine Hackordnung. Hahn A kann alles Geflügel auf dem Hof hacken, Hahn B auch bis auf Hahn A, Hahn C alle bis auf B und C und so weiter.
Bei den Menschen wird die Hackordnung durch verschiedene Komponenten bestimmt. Bei kleinen Kindern siegt brutal die körperliche Übermacht, bei Teenagern spielen Beliebtheit, gutes Aussehen, sportliche Leistungen und Noten eine Rolle. In der Erwachsenenwelt dreht es sich im allgemeinen um Macht und Geld, aber es kommt auch auf das Geschlecht an.
Den Jungen wird beigebracht, daß zu ihnen bestimmte Arbeiten, wie Autowaschen und Rasenmähen passen. Mädchen lernen kochen, abwaschen und saubermachen. Aber es geht noch weiter. Zum Beispiel sollen Männer die Führerrolle übernehmen und die

wichtigen Beschlüsse fassen, während von Frauen erwartet wird, daß sie mitlaufen und sich fügen. Genau in diesem von der Gesellschaft diktierten Rollenbild liegt der Keim der Opferung. Die Gesellschaft weist bestimmten Leuten die Dienerrolle zu, und alle machen bei dem Spielchen mit. So ducken sich die Armen gewöhnlich unter die Reichen und Prominenten, selbst wenn sie nicht direkt unter deren Einfluß stehen. Einfach der Platz in der gesellschaftlichen Hackordnung erzeugt Gruppen, die herumkommandiert und zurückgestoßen werden dürfen.

Beethoven machte eines Tages in schäbiger Kleidung einen ausgedehnten Spaziergang und verirrte sich. Da er kein Geld eingesteckt hatte, bat er in Häusern und Gehöften um Hilfe, wurde indessen als Landstreicher festgenommen. Natürlich protestierte er, er sei der große Ludwig van Beethoven und müsse freigelassen werden – Sie sehen, auch er war von den Privilegien der höheren Ränge überzeugt. Am folgenden Tag wurde er wieder auf freien Fuß gesetzt, und der Bürgermeister ließ ihn in seiner Kutsche heimfahren.

Wäre das gleiche einem heimatlosen, alten und hungrigen Vagabunden passiert, wäre er sicher nach ein paar Tagen Gefängnis aus der Stadt gejagt worden. Wir sind programmiert, andere unterschiedlich zu behandeln, je nach dem Rang, den wir ihnen zusprechen. Es gab Zeiten, da galt in Amerika ein Ire weniger als ein Hofhund. Beiden war wörtlich der Zutritt zu manchen Bars untersagt.

Heute sind es andere ethnische Minderheiten und unterprivilegierte Gruppen, die um einen Platz an der Sonne kämpfen, und dazu gehören die Frauen. Selbst nach Jahren verbriefter Gleichberechtigung tun wir uns mit der Vorstellung von einer Frau in einer Spitzenposition schwer. Es wurde uns eingeimpft, daß Frauen sich als Mitläufer, aber nicht als Führer eignen. Wenn das keine Programmierung ist, was dann?

Alle auf der Verliererseite müssen sich ein Herz fassen. Unabhängig von der geringen Meinung von sich, die Ihnen eingeprägt wurde, können auch Sie eine neue Lebenseinstellung erarbeiten, wenn Sie die Dressur Ihrer Jugend ernsthaft in Zweifel ziehen.

Ich sprach kürzlich mit einem erfolgreichen Geschäftsmann, der sich in Gegenwart eines kaum besseren immer unbeholfen vorkam. Nach zwei Sitzungen erkannte er die Gehirnwäsche, der er unterzogen worden war, nämlich bei Vorgesetzten so unscheinbar und unauffällig wie möglich aufzutreten. Nun wachte er auf, da eine solche geduckte Haltung nicht einen Tag länger angebracht war. Am selben Abend wurde er bei einem Geschäftsempfang dem obersten Chef vorgestellt und war entzückt, mit wieviel Gleichmut er nun die Sache betrachtete.

Ich bin von Natur aus so

Der sicherste Weg, passiv zu werden und alle anderen auf eigene Kosten zufrieden zu stellen, ist die Überzeugung, Sie seien von Natur aus kein selbstsicherer Mensch. Wie kann man gegen die angeborene Veranlagung etwas ausrichten? Wenn ein Mensch eben von Natur aus sanft und unterwürfig ist, kann doch wirklich keiner von ihm erwarten, daß er die Brust raus und die Schultern zurücknimmt, sich auf die Hinterbeine stellt und der Welt zuruft: (›Ich bin wer!‹).

Betty und die fluchenden Töchter

Betty ist ein gutes Beispiel. Sie ließ sich von mir beraten, wie sie gegen ihre heranwachsenden Töchter ankommen sollte. Sie wollte ihnen abgewöhnen, zu fluchen und besonders sie mit Schimpfworten zu belegen, wenn sie ihnen etwas verwehrte. Die Ermahnung, das sei gegen die Mutter ungezogen, hatte keinerlei Wirkung. Was sollte sie sonst noch tun?

Die Mädchen waren alt genug, um für sich selbst zu sorgen und brauchten eine feste Hand. Ich riet Betty also, ihnen nahezulegen, auszuziehen und bei Freunden oder Verwandten zu wohnen, wenn sie ihr keinen Respekt entgegenbrachten. Diese Warnung war ernst gemeint, und Betty erwartete, daß die Mädchen das begriffen. Innerhalb von einer Woche verlangte die Ältere etwas, das Betty ablehnte, worauf sie wüst angepöbelt wurde. Doch

Betty war darauf vorbereitet. Ihr war klar, daß sie etwas Drastisches unternehmen mußte, wenn sie nicht den Respekt ihrer Tochter ein für allemal verlieren wollte. Betty wies ihr die Tür, obgleich das zu einem großen Geschrei führte. Das Mädchen zog zu einer Freundin. Einige Tage fühlte Betty sich stark und mutig. Sie war der oder die typische Softie, die plötzlich zäh wie Leder wird. Es war ihr eine Genugtuung, einmal in der Familie die Hosen anzuhaben. Selbst die anderen Töchter merkten den Umschwung und bewegten sich auf Zehenspitzen.
Doch einige Tage später erwachte in Betty der Feigling. Sie hatte Schuldgefühle, eine Rabenmutter zu sein, und konnte ihre Sünde nur dadurch büßen, zur auswärtigen Tochter zu gehen und sie nach Haus zu bringen. Das Mädchen kehrte im Triumpfzug zurück und schikanierte die Mutter schlimmer als zuvor. Darauf fiel Betty nichts anderes ein, als »Ich bin eben von Natur aus so sanft.«
Von Natur aus? Mit Sicherheit nicht. In ihrem Alter war ihr Verhalten zu 95% von Dressur und zu 5% vielleicht von angeborener Weichheit bestimmt. Vielleicht war sie im Kinderwagen nicht so forsch wie ihr Bruder, aber daraus läßt sich wirklich nicht ihre Schüchternheit vierzig Jahre später ableiten.
Betty hatte solange daran geglaubt, es nicht ertragen zu können, andere zu frustrieren, daß sie nur selten die Probe aufs Exempel gewagt hatte. Hätte sie sich dazu gezwungen, das Mädchen erst nach einer Entschuldigung wieder zu Hause aufzunehmen, selbst wenn das ein paar Wochen dauerte, dann hätte sie sehr wohl gemerkt, wozu sie fähig war und daß ihr eine feste Haltung den gewünschten Respekt verschaffte.
Nur weil ein Mensch in seiner Jugend zu Ängstlichkeit erzogen wurde, heißt das doch nicht, er könne seine Einstellung als Erwachsener nicht ändern. Sie müssen nur daran glauben, daß Sie sich ändern können, sonst passiert gar nichts. Aber dieser Glaube wird Berge versetzen.
Diesen Punkt habe ich mit Betty eingehend besprochen. Ich wies sie an, sich aus dem Kopf zu schlagen, daß sie sich nicht ändern könne. Dann würde sie schnell genug sehen, welche Veränderun-

gen zu bewerkstelligen waren. Sie bemühte sich sehr, sich als starken Menschen zu sehen, dessen gottgewolltes Schicksal nicht war, nach der Pfeife der anderen zu tanzen. Als die älteste Tochter sie das nächste Mal beschimpfte, wurde ihr kühl die Tür gewiesen, und sie wollte auch nicht mehr nach Hause zurück. Die anderen Mädchen aber hatten wieder Respekt vor ihrer Mutter und blieben.

Der Moment der Wahrheit

Wir haben jetzt die theoretischen Grundlagen erarbeitet und können zu Taten übergehen. Denken, was man gern tun will, ist kinderleicht, aber das in die Praxis umzusetzen, ist die schwierigste Aufgabe. Ich kenne niemand, der sich nicht schon miserabel aufgeführt hat und sich dann tagelang überlegte, wie er oder sie es besser hätte machen können oder jetzt ausbügeln kann. Es fällt uns allen ungeheuer schwer, den Eingebungen unseres Herzens und des Kopfes zu folgen. Das ist der entscheidende Moment. Mit diesem Augenblick müssen Sie sich vertraut machen, damit er Sie nicht unvorbereitet überrollt.

In dem Moment, wo Sie vor der Wahl stehen, sich angesichts der fünf Feigemacher zu behaupten, überfällt Sie die Versuchung, zurückzuweichen und fünfe grade sein zu lassen. Ihr Gehirn warnt Sie dringend, das Heil in der Flucht zu suchen und sich mit allen Mitteln aus der Bedrängnis herauszuwinden. Sie erleben möglicherweise sehr widerstreitende Gefühle, eine Verwirrung und Panik mit solcher Macht, daß Ihre besten Absichten wie welke Blätter zusammenschrumpfen.

Das ist der entscheidende Moment, für den man gewappnet sein muß. Strengen Sie sich mit ganzer Kraft an, in diesem Show-down Mut zu beweisen, obgleich alle Fasern Ihres Herzens und Körpers Sie auffordern, schwach zu sein. Geben Sie nicht dem Drang nach, sich passiv zu verkriechen. Feuern Sie sich im Geist an: »Jetzt, jetzt kommt es darauf an. Wanke nicht! Schnell, sag deine Meinung, hör mit der Angst auf! Handle!«

Wenn die Kraft des guten Zuredens noch nicht ausreicht, um Ihnen im Moment auf die Hinterbeine zu helfen, verzagen Sie nicht. Muntern Sie sich weiter auf. Proben Sie, was Sie sagen wollten, sich aber nicht trauten. Wenn es dann kurze Zeit später wieder darauf ankommt, gelingt es Ihnen besser. Selbst wenn es Tage und Wochen dauert, bis Sie sich zum ersten Mal behaupten können, lassen Sie den Mut nicht sinken, sondern machen Sie einen Testrun nach dem anderen. Vielleicht hilft es in der gegebenen Situation wenig oder garnicht, aber es ist ein gutes Training. Der Erfolg stellt sich selten auf Anhieb ein. Wichtiger ist, daß Sie sich überhaupt wehren, als daß Sie es hervorragend schaffen.

Der Tag wird kommen, an dem Ihre Schrecksekunde kürzer wird und Sie Ihre Meinung sagen. Das mag eine Weile dauern, aber Übung macht den Meister.

Dieser Moment der Wahrheit ist selbst für starke und intelligente Menschen oft so einschüchternd und von erwarteten Schuldgefühlen und Verlegenheit überschattet, daß sie sich keinen Schritt vorwagen. Diese Unsicherheit überfällt auch Psychologen, Politiker und Schauspieler, die im allgemeinen gut mit anderen Menschen umgehen können. Selbst denen fallen dann alle möglichen Ausflüchte und rationalen Argumente ein, nur um sich vor dieser Bewährungsprobe im letzten Moment drücken zu können.

Um also die offensichtlich weite Brücke zwischen Tagträumen und Aktionen zu schlagen, ist es hilfreich, die vielen Beispiele von gelungener Selbstbehauptung zu studieren. Auch ich bin ihnen in meiner Praxis begegnet. Alle beschriebenen Fälle handeln von lebenden Personen, auch wenn einige Merkmale wegen der Anonymität verändert wurden.

Prägen Sie sich zuerst alle Aussprüche und Handlungen der beschriebenen oder der von Ihnen erlebten Personen ein und analysieren Sie, was der- oder diejenige sagen oder tun wollte. Dann versetzen Sie sich in ihre oder seine Lage und machen weiter, so gut Sie können. Wenn Sie mit den meisten Beispielen klarkommen, haben Sie sich fantastisch gehalten und verdienen den ersten Orden für das Selbststudium in Sachen Selbstbehauptung.

Sich bei Kindern durchsetzen

Wer große Angst hat, sich selbst bei Kleinigkeiten zu behaupten, sollte seine Versuche mit Kindern starten. Wenn Sie es geschafft haben, nicht vor ungezogenen Kindern zu kuschen, können Sie sich die schwierigere Bewährungsprobe bei Erwachsenen zumuten.

Als Kinder den Schulweg über ihren Rasen abkürzten, wollte Mildred sie auffordern, den gepflasterten Fußweg zu benutzen, traute sich aber nicht. Sie fürchtete, ein älteres Kind würde sie anpöbeln oder beschimpfen, worauf ihr dann das Wort im Hals steckenbleiben würde. Das wäre eine Demütigung, der sie sich nicht aussetzen wollte, wie sie sich einredete.

Mildred wurde von mir ermuntert, zu erkennen, daß sie sich einredete, wie ein Narr dazustehen. Was machte es groß, wenn ihr ein freches Kind Widerworte gab? Ich hielt ihr vor, sich genau zu vergegenwärtigen, wie schlimm das wirklich wäre. Zum einen würden die Nachbarn den Auftritt vermutlich gar nicht beachten. Würde die Szene aber Aufmerksamkeit erregen, brauchte sie sich nur über das rüpelhafte Benehmen der Kinder zu beschweren und würde dafür allgemeine Zustimmung ernten. Wenn sie die Kinder in freundlichem Ton ermahnte, würden sie mit ziemlicher Sicherheit ebenfalls freundlich reagieren. Und sollte wirklich ein Junge ihr ordinär kommen, war das sein Problem und nicht ihres. Warum sollte sie so tun, als habe sie sich falsch verhalten? Und als letzten Trost: Seit wann können Worte, also nichts als heiße Luft, einen tatsächlich verletzen?

Nun mögen Sie fragen, ob Sie wirklich und ernsthaft all diese Schritte geistig durchspielen sollen, und zwar jedes Mal, wenn Handlungsbedarf gewesen wäre aber nicht wahrgenommen wurde.

Ja, das bleibt Ihnen leider nicht erspart. Überrascht Sie das wirklich? Sie spielen im Geist doch auch alle Möglichkeiten durch, wenn Sie sich in eine feige Haltung versetzen. Es kommt jetzt darauf an, die memmenhaften Anwandlungen bloßzustellen und die Ängste durch kräftige, selbstbehauptende Argumente auszuräumen. Das wird aber nur bei rationalem und folgerichtigem Denken gelingen.

Unbefriedigende Bedienung im Restaurant

Wem ist nicht schon einmal ein schlechtes Essen vorgesetzt worden? Wenn das geschah, haben Sie sich dann einfach damit abgefunden? Oder haben Sie sich beschwert? Ein reifer Erwachsener wird nicht gerade erwarten, ein komplettes neues Gericht serviert zu bekommen, um das mißratene zu ersetzen, aber er schuldet es sich und dem Restaurant, kundzutun, daß er oder sie nicht zufrieden ist.

Elly schluckt alles

Obwohl sie sich alles hätte leisten können, konnte sie sich nicht zu einer Beschwerde aufraffen. Ihr Argument:
»Wäre es nicht einfacher, das Essen stehen zu lassen und dieses Lokal künftig zu meiden?«
»Nein. Weil Sie sich weigern, erwachsen zu werden, wenn Sie sich keinem Problem stellen, und Sie korrigieren den Fehler des Restaurants nicht«, gab ich zu bedenken.
»Was macht das schon?« fragte sie schnippisch.
»Es stört Sie, oder? Was geschieht mit Ihnen, wenn Sie das schlechte Essen nicht reklamieren?«
»Ich stehe einfach auf und gehe.«
»Könnte das nicht zur Gewohnheit werden?«
»Wahrscheinlich schon. Aber ich mag die Bedienung nicht in Verlegenheit bringen und dem Manager eine Szene machen.«
»Wer sagt denn, daß Sie die Bedienung in Verlegenheit bringen oder dem Manager eine Szene machen?«
Elly erwiderte: »Ich habe schon erlebt, daß junge Bedienungen in Tränen ausbrachen, als sich jemand wegen des Essens beschwerte.«
Ich fragte: »Meinen Sie, daß ein anderer Gast das Mädchen freundlich an seinen Tisch gebeten und lächelnd verlangt hat, die kalte Suppe durch eine heiße zu ersetzen?«
»Nein, so hat der Gast das nicht gesagt. Er schimpfte, daß er mit

dieser Restaurantkette schon immer schlechte Erfahrungen gemacht habe, dieses Lokal aber wirklich das letzte sei.«
»Mit anderen Worten, der Gast war ruppig und gedankenlos.«
»Stimmt.«
»Wer behauptet aber, daß Sie auch so rücksichtslos auftreten müssen? Als Hausaufgabe bekommen Sie, einige Male auswärts zu essen, ehe wir uns wieder sprechen. Ich möchte, daß Sie sich beim Ober freundlich über alles beschweren, was Sie nicht befriedigt, also altbackenes Brot, ein stumpfes Messer, zähes Fleisch usw. Machen Sie auf nette Weise ein bißchen Theater und berichten Sie mir dann, wie Sie sich dabei gefühlt haben.«
Elly hatte also genügend Gelegenheiten, ihre Fähigkeiten zur Selbstbehauptung auf die Probe zu stellen. Aber sie schlug sich nicht wacker. Die ausgebackenen Garnelen waren strohtrocken, ihr Wasserglas wurde nicht nachgefüllt, der Salat war nicht knakkig. Doch als der Geschäftsführer an ihren Tisch kam und sich erkundigte, ob alles zu ihrer Zufriedenheit war, sagte sie: »Ja, bestens.«
»Was haben Sie sich eingeredet, Elly, um so feige zu werden? Erinnern Sie sich noch?« wollte ich wissen.
»Ich weiß es noch genau. Ich merkte, daß es falsch war, aber ich konnte es nicht ändern. Ich sagte mir, ich wolle keine Szene machen und vor den anderen als schwieriger Kunde dastehen. Anscheinend ist es mir so wichtig, bei anderen beliebt zu sein, daß ich mich nicht wehre.«
»Daran kann es nicht allein liegen, Elly. Der wahre Grund, warum Sie sich nicht beschwert haben, ist Ihre Meinung, von diesen Leuten mißbilligt zu werden sei schrecklich und könnte Sie aufregen. Der erste Gedanke, daß sie Sie vielleicht nicht mögen, war korrekt. Aber die Folgerung, daß eine Zurückweisung schmerzt, ist schlicht unvernünftig.«
Ein Mangel an Zustimmung oder eine Zurückweisung sind nicht angenehm, aber kein Weltuntergang. Erfährt man sie von Leuten, die man kaum kennt, wird sie noch belangloser. Mit etwas Übung lernte Elly, sich ordentlich Mahlzeiten zu bestellen, und als sie in einem Lokal das dritte Steak zurückgehen ließ, däm-

merte ihr, daß dort einfach kein besseres Fleisch zu kriegen war. Jedenfalls gab sie sich nicht mehr aus Prinzip mit schlechter Ware und nachlässiger Dienstleistung zufrieden.

Viele kleine Probeläufe

Viel Übung ist notwendig, um den Weg von Unterwürfigkeit zu Selbstbehauptung zurückzulegen, und keiner sollte sich die Gelegenheiten entgehen lassen, die Strecke in kleinen Schritten zu durchmessen, weil es ihm oder ihr sonst leid tun wird. Übung macht den Meister, ob beim tanzen, jodeln, rechnen oder befehlen. Wenn sich also die Chance bietet, einen irritierenden Umstand zu korrigieren, ergreifen Sie sie auf liebenswürdige Weise. Noch wichtiger als die Behutsamkeit ist aber, überhaupt einzugreifen. Wenn es am Anfang auch noch nicht elegant geht, machen Sie weiter, bis Ihnen Beschwerden glatt und nett von den Lippen fließen. Das ist eine Kunst, die erlernbar ist und Ihnen sehr helfen wird. Ein Mensch, der sie beherrscht, zeigt verschiedene Charakterzüge: Selbstbewußtsein (erworben durch Fehlschläge und immer neue Versuche), Gelassenheit (weil er oder sie die Situation nicht außer Kontrolle geraten läßt) und Beliebtheit (weil die Mitmenschen zu denjenigen aufblicken, die ein gesundes Selbstvertrauen besitzen).

Kürzlich ergab sich für mich die Gelegenheit, meine Selbstbehauptungsmethoden anzuwenden. Da ich in Hetze war und nur eine halbe Stunde für das Abendessen erübrigen konnte, rief ich in einem Restaurant an und reservierte für 18 Uhr einen Tisch. Ich bestellte gleich das Essen, was für das Lokal Routine war, weil sie auch nach außerhalb liefern. Als ich eintraf, wartete zwar der Tisch auf mich, aber das Essen bekam ich erst eine Viertelstunde später serviert.

Das störte mich, weil ich zeitlich im Druck war. Um eine Hetze beim Essen zu vermeiden, hatte ich ja vorsorglich alles bestellt. Zuerst neigte ich dazu, es laufen zu lassen und die Sache vom Standpunkt des Wirts aus zu sehen. Vielleicht wollte er das Essen

nicht auf den Tisch stellen, ehe ich da war, weil es kalt werden könnte. Vielleicht waren telefonisch bestellte Mahlzeiten verschiedentlich nicht abgeholt worden. Aber je mehr ich merkte, wie ich einer Auseinandersetzung aus dem Weg ging und die besten Ausflüchte zusammenklaubte, desto mehr ärgerte ich mich über mich. Also tat ich, was ich meinen Patienten immer empfehle: Ich klopfte das, was ich mir einredete, auf seine Unsinnigkeit ab. Das war schnell erledigt, und so brachte ich bei der Bedienung meine Beschwerde vor:
»Ich rief an, um mein Essen um Punkt 18 Uhr serviert zu bekommen, weil ich hinterher einen Termin habe. Würden Sie bitte ab sofort das Essen auf den Tisch stellen, ob ich da bin oder nicht. Wenn es kalt wird, ist das mein Problem. Wenn ich nicht auftauche, stellen Sie es mir in Rechnung (ich bin dort bekannt). Ich übernehme die volle Verantwortung für alles, was sich aus meinem Wunsch ergibt. Können wir es so halten?«
Ich hatte inzwischen keine Gelegenheit mehr, mich zu beschweren. Bei der gleichen Kellnerin klappt es, und bei einer anderen erwähnte ich nur kurz die Bedingungen. Ich bin froh, daß ich die Sache geregelt habe, nicht weil sie etwa bedeutend war, sondern weil ich mein Zögern überwunden habe, meine Meinung kundzutun. Das gelang mir, weil ich es in Tausenden von Situationen vorher ausprobiert habe, und jedes Mal fiel es mir leichter. Damit erleichtert man sich das Leben, weil es weniger frustrierend ist.
Üben Sie bitte Selbstbehauptung auch oder gerade bei Bagatellen, ehe Sie größere Sachen aufs Korn nehmen. Gewichtheber steigern sich im Training auch langsam, oder?

Was kann ich schon bewirken?

Versuchen Sie energisch, sich die Vorstellung aus dem Kopf zu schlagen, daß Ihre Konfrontationen auf lange Sicht doch keinen Unterschied machen. Sie haben nur eine Stimme im riesigen Chor, was kann sie also schon groß beeinflussen?

Diese Denkweise ist ein erster Fehler. Ich habe schon oft mit Verblüffung festgestellt, was für soziale Kräfte durch nur eine handvoll Klagen in Bewegung gesetzt werden können. Ich denke da an die Geschichte eines Gentleman, der für eine Ernennung nach Washington die Unterstützung seines Senators hatte. Als der Tag des geplanten Amtsantritts näherkam, rief der Senator seinen Freund mit der Mitteilung an, er müsse seine Unterstützung zurückziehen.

»Aber warum, Senator?« wollte der Gentleman wissen.

»Weil ich zuviel Post mit Einwänden gegen die Ernennung erhielt, so daß es unklug wäre, sie jetzt gegen die öffentliche Meinung durchzusetzen.«

»Post? Wieviel Post?«

Der Senator hatte ein paar Dutzend Zuschriften erhalten und blieb bei seiner Ablehnung. Ein Bündel Briefe hatte einen großen Einfluß auf die Karriere des Mannes gehabt. Denken Sie an dieses Beispiel, wenn Sie bei Abgeordneten oder Beamten Klagen vorbringen und lassen Sie sich nicht durch die Macht von Institutionen oder Ämtern abschrecken. So klein, wie Sie manchmal meinen, sind Sie nicht.

In einem Sommerlager sollte ein Pfadfinder namens Tommy von einem Instrukteur, den wir Mike nennen wollen, in Lebensrettung unterwiesen werden. Mike beherrschte sein Gebiet vorzüglich, hatte aber kein Verständnis für die Gefühle seiner Schützlinge. Als Tommy nicht gleich mitkam, wies Mike ihn vor versammelter Mannschaft rüde zurecht.

Tommy berichtete seinem Vater am letzten Tag im Lager von der groben Behandlung, worauf der Vater sie dem Lagerleiter meldete. Er erfuhr, daß so ein Verhalten bei Instrukteuren nicht geduldet würde und Mike eine Abmahnung oder seine Entlassung bekommen hätte, wäre der Vorfall bekannt geworden. Nun hatte das am letzten Tag keinen Sinn mehr, aber Mike würde im nächsten Jahr mit Sicherheit nicht eingestellt. Das bewirkte die Beschwerde eines kleinen Pfadfinders.

Jeder von uns hat also mehr Einwirkungsmöglichkeiten, als er oder sie sich träumen läßt. Probieren Sie es aus. Selbst wenn

Ihnen der Erfolg zweifelhaft erscheint, ist es doch einen Versuch wert.
Das dachte sich Dan, der telefonisch bei seinem Tennisklub einen Platz reservieren wollte, jedoch wiederholt das Besetztzeichen erhielt. Schließlich kam er durch, ließ den Platz eintragen und wollte schon auflegen, als ihm die von mir erteilte Hausaufgabe einfiel, bei störenden Dingen den Mund aufzumachen. Also sprach er weiter:
»Sagen Sie, stimmt etwas an Ihrem Telefon nicht? Ich bekam 15 Minuten das Besetztzeichen. Hängt da jemand an der Leitung und führt Dauergespräche?«
»Sie sagten, Sie hätten eine Viertelstunde vergeblich versucht, durchzukommen?«
»Ja, ich habe mindestens sechsmal Ihre Nummer gewählt, aber es war dauernd besetzt.«
»Das ist komisch. Das Telefon hat nur einmal geläutet, und das ist schon ein paar Minuten her.«
Sei dem, wie dem wolle. Vielleicht war die Leitung wirklich nicht in Ordnung, dann würde sie nun repariert werden. Und das Mädchen würde sich bei weiteren Dauergesprächen bremsen, falls es welche geführt hatte.
Verfluchen Sie nicht die Dunkelheit, sondern zünden Sie lieber einer Kerze an.

Millionen Fliegen können sich nicht irren

Henry war vor 50 Jahren ein alter Mann in einer Kleinstadt und trug einen langen Bart, als Bärte völlig außer Mode waren. Er ließ sich weder durch Hänseleien noch durch Ablehnung davon abbringen, handelte es sich doch um einen langgehegten Traum, den er sich um keinen Preis beschneiden lassen wollte. Selbst wenn ihn gröhlende Kinderhorden verfolgten, gab er nicht nach und nahm den Bart nicht ab. Mit hoch erhobenem Kopf zog er unbeirrbar seiner Wege, und ich bewunderte ihn dafür.
Wenn das, was Sie wollen und mit Eigensinn vertreten, nieman-

dem wehtut, haben doch die anderen kein Recht, Sie davon abzuhalten, oder? Ich finde nicht. Und das befreit mich und Sie davon, das eigene Leben durch die Augen, Ohren und Geschmäcker anderer filtern zu lassen und wahrzunehmen. Um bei einer Sache wie der beschriebenen bei der Stange zu bleiben, können Sie ruhig davon ausgehen, daß Sie recht haben und alle anderen sich irren. Millionen Fliegen können sich doch irren . . . nämlich in der Ansicht, daß Kuhmist schmeckt.

Ein Bekannter von mir läßt einen Klecks Butter in seinem Kaffee schmelzen, was ihm Spott und abfällige Kommentare seiner Tischgenossen einbringt, ihn aber nicht stört. Butter ist ja ein Milchprodukt, und er tat ja niemandem mit seinem ausgefallenen Geschmack weh. Warum sollte er sich also durch die bissigen Bemerkungen anderer davon abbringen lassen?

Die Liste der Menschen, die sich nicht weichklopfen lassen oder die Lächerlichkeit nicht scheuen, ist gar nicht so kurz. Manchmal brauchen sie viel Stehvermögen, um zuletzt zu lachen.

Tonis Traum

Toni war ein unauffälliger Mann mit einem kleinen Geschäft in einer ländlichen Ortschaft. Er träumte davon, eines Tages viel Geld zu machen. Viele Jahre legte er einen Schein auf den anderen, um das einmalige Angebot, das über kurz oder lang auftauchen würde, durch eine Anzahlung besiegeln zu können. Während des zweiten Weltkrieges hielt er Augen und Ohren offen und wartete auf seine Chance. Schließlich bot sie sich. Toni beschloß, einige Maisfelder vor dem Städtchen zu kaufen, um darauf nach und nach Wohnsiedlungen zu errichten.

Die Geschäftsleute in seiner Umgebung fanden ihn komisch und übertrieben optimistisch und waren sicher, er würde mit dem Projekt sein letztes Hemd verlieren. Doch nach Kriegsende setzte der Bauboom ein. Zuerst brachte Tonis Bauland nicht viel ein. Er verkaufte ein paar Bauplätze an einen Bauunternehmer, der Häuser errichtete und einen schönen Schnitt machte. Toni hatte dieser erste Verkauf genug eingebracht, um nun seinerseits Häuser zu bauen und mit ansehnlichem Gewinn zu veräußern. So

entstand eine große Wohnanlage, die Toni zu einem der reichsten und angesehensten Männer des Landkreises machte.
Er riskierte etwas und bewies, daß er recht hatte und sich alle Experten irren können. Die Ansicht der Mehrheit muß nicht immer zutreffend und richtig sein. Richtig ist richtig, ob einer oder eine Millionen daran glaubt.
Diese Geschichten sollen Ihnen die Angst nehmen, neue Wege einzuschlagen, auch wenn Sie dabei allein sind. Thoreau gebraucht dafür das Bild, daß Sie einem anderen Trommler folgen, also einer eigenen inneren Stimme lauschen. Möglicherweise sind Sie der einzige, der die richtige Richtung eingeschlagen hat. Es gibt doch immer wieder Beispiele für die Vorreiterrolle einzelner Menschen. Die Gebrüder Wright, Einstein und Columbus sind alle ursprünglich ausgelacht worden.

Machen Sie die Konsequenzen deutlich

Wer ohne Schirm im Regen spazierengeht, wird naß. Wer nicht lernt, wird die Prüfung nicht bestehen. Wer immer Feuer schreit, bekommt keine Hilfe, wenn es wirklich brennt. Diese Art von Konsequenzen ist uns allen vertraut, und wenn wir sie vermeiden wollen, richten wir uns vorsorglich danach. Weniger drastisch zeichnen sich Konsequenzen im menschlichen Zusammenleben ab. Aber bis hierhin sollte klar geworden sein, daß immer wieder der getreten wird, der sich für andere als Fußmatte hinlegt. Das folgende Beispiel ist eine Übung für Konsequentsein.

Elisabeth und die unordentliche Tochter

Ihre siebzehnjährige Tochter Marge machte Elisabeth ernsthaft Kopfzerbrechen. Das Mädchen ließ die Kleider herumliegen, reinigte ihr Zimmer nicht, fand abends nicht nach Hause und kam morgens nicht rechtzeitig für die Arbeit aus dem Bett. Mit diesen Problemen ging Elisabeth auf die übliche Weise um. Sie meckerte konstant an dem Mädchen herum. Sie befahl, ihre Kleider aufzuräumen, denn die Mutter sei nicht ihr Dienstmädchen. Sie habe

noch eine Menge anderes zu tun, und die Tochter könne wenigstens den Anstand haben, nicht hinter sich herräumen zu lassen. Und man könne schließlich in ihrem Alter erwarten, daß das Zimmer nicht wie ein Saustall aussieht und so weiter.
Sie ereiferte sich pausenlos und machte dem Mädchen so die Hölle heiß, daß es die dauernden Vorhaltungen satt hatte und eines Tages die Mutter angriff und sie verletzte.
Offensichtlich überschlug sich die fürsorgliche Mutter für das Wohlbefinden der Tochter. Sie verlor völlig die Kontrolle über das Mädchen, weil sie einen sehr wichtigen Schritt unterließ. Die Mutter warnte Marge nie, was passieren würde, wenn sie sich den Anordnungen widersetzte. Marge brauchte nur Wörter wegzustecken, die an ihr abprallten, und erlebte nicht die Drohung mit schmerzlichen Konsequenzen, die ihr Fehlverhalten nach sich ziehen würden. Da Marge also nichts Konkretes zu befürchten hatte, wenn sie sich mit bestimmten Arbeiten Zeit ließ, kümmerte sie sich nicht. Wenn dagegen den Leuten plastisch vor Augen geführt wird, was ihnen widerfahren wird, werden sie die Ohren aufsperren und ihr Verhalten ändern.
Zum Beispiel lenkte Marge hübsch ein, als ihre Mutter sich weigerte, sie für ihren Sommerjob zu wecken. Als das Mädchen ihn nach dreimaligem Verschlafen verlor, erkannte sie schnell, daß sie nicht mehr auf ihre Mutter zählen konnte und sich selbst hochrappeln mußte, wenn sie einen Job und einen Nebenverdienst wollte.
Beachten Sie, daß Elisabeth ihre Tochter nicht warnte, sie künftig nicht mehr zu wecken. Das wären wieder nur Wörter gewesen. Elisabeth erzielte schnell Resultate, als sie einfach das Wecken unterließ. Die Handlung führte zum Ergebnis, nicht Drohungen einer bevorstehenden Konsequenz.
Ehe sie aber ihre Tochter unter Druck setzte, hatte Elisabeth von mir genau erfahren, in was für einem Wespennest sie stocherte. Zuerst würde sich die Lage verschlimmern. Marge kreischte, wurde ordinär und beschimpfte ihre Mutter, weil sie sie nicht geweckt hatte. Bei jedem Wutausbruch ließ Elisabeth das Mädchen einfach stehen und ging weg. Dann attackierte das Mädchen

Elisabeth körperlich und schlug sie. Elisabeth schlug zurück. Schließlich informierte die Mutter Marge mit Nachdruck, daß mit der Schlamperei Schluß sei. Sie würde ihr nicht mehr nachräumen, und damit basta. Wenn Marge die Freizügigkeiten einer Erwachsenen in Anspruch nahm, mußte sie auch für ihre Taten einstehen.

Klingt einfach, was? Und doch gibt es immer wieder Leute, die mich an diesem Punkt mißverstehen, wenn ich darlege, welche Konsequenzen welche Taten nach sich ziehen sollen. Kürzlich beschwerte sich eine Frau bei mir über die unangenehme Art ihres Mannes am Eßtisch. Er korrigierte dauernd an den Kindern herum. »Was kann ich tun?« fragte sie, »Ich hab ihm hundertmal gesagt, daß ich bei Tisch kein Geschrei will.«

»Warum nehmen Sie nicht einfach Ihren Teller und essen im Wohnzimmer weiter? Erklären Sie Ihrem Lieben, Sie kehren erst dann an den gemeinsamen Tisch zurück, wenn er mit seinem Herumkommandieren aufhört.«

Es bestehen gute Aussichten, daß diese Methode anschlägt. Versuchen Sie es zur Abwechslung mal mit Taten anstatt mit Worten!

Sagen Sie mit Absicht nein

Wenn Sie Ihr Leben in den Griff bekommen wollen, müssen Sie unbedingt lernen, nein zu sagen. Nach einem bißchen Übung sollten Sie es überall da anwenden, wo es angebracht ist. Wenn Sie so oder so entscheiden können, verlegen Sie sich probeweise eher auf das Nein.

Klingt das ausgefallen, selbstsüchtig, bösartig? Vielleicht. Aber wenn solche Probeläufe Ihr Rückgrat stärken, können Sie nicht so schlecht sein. Selbstachtung und Selbstvertrauen zu entwickeln ist eine hervorragende Zielvorstellung, und um sie zu verfolgen, kann ein bißchen Sturheit nicht schaden.

Betrachten Sie die Rolle der Frau in der heutigen Gesellschaft und die Auswirkungen der sexuellen Revolution auf ihr Leben. Die landläufige Meinung ist inzwischen, daß Frauen sich wegen

Sex nicht so zu zieren brauchen, weil sie doch gleichberechtigt sind und Geburtenkontrolle ausüben können. Warum sollen sie nicht so freizügig wie Männer zu allen Zeiten sein? Die meisten Frauen indessen sind von dieser vorgeblichen Freiheit nicht entzückt. Von ihnen erwarten die Männer jetzt das Ja zum Sex, weil für ein Nein wenig Veranlassung bestünde. Mit diesem Druckmittel der Männer sind die Frauen heute nicht besser dran als vor der sexuellen Revolution.

Früher erforderte es also die Moral, daß Fraucn nein sagen, während sie heute ja sagen sollen. Nennt man das Freiheit? Wer bestimmt denn? Wirklich emanzipiert werden die Frauen erst dann sein, wenn es ihre eigene und freie Entscheidung ist, ja oder nein zu sagen. Um die eigenen Wünsche in den Vordergrund zu stellen, was ja Selbstbehauptung beinhaltet, müssen sie sich angewöhnen, auch dann mal nein zu sagen, wenn von ihnen eigentlich Zustimmung erwartet wird.

Lotte und ihr Freund

Lotte hatte eine Verabredung mit einem Mann, den sie noch nicht lange kannte. Der Abend war sehr angenehm gewesen, und sie hatte seine Gesellschaft genossen. Vor ihrer Haustür mußte sie sich dann entscheiden, ob sie ihn zu sich einladen wollte oder nicht. Ein etwas schlechtes Gewissen befiel sie, als sie sich vorstellte, daß er von ihr Zuwendung erwartete und sehr enttäuscht sein würde, wenn sie ihn jetzt zurückwies, besonders da er sich auf das Zusammensein freute und sie großzügig bewirtet hatte. Lotte saß in der Zwickmühle.

Normalerweise hätte sie ihn hereingebeten und sich am nächsten Morgen dafür gehaßt, nicht weil sie ihm eine Freude bereitet hatte, sondern weil sie ihre Gefühle des Zögerns überspielt hatte. Sie nahm es sich übel, wenn sie sich ihr Verhalten von der Rücksicht auf die Empfindungen anderer diktieren ließ. An jenem Abend hätte Lotte gern noch eine Weile mit ihrem Freund verbracht, aber ihre Stimmung war durch Mitleid eingefärbt. Einfacher wäre es gewesen, ja zu sagen, aber um ihre Selbstbehauptung zu fördern, zwang sie sich zu einem Nein. Er gab ihr noch einen Gute-Nacht-Kuß und trollte sich. Ganz behaglich war ihr nicht dabei, aber es befriedigte sie, daß sie Mut gezeigt und eine Zurückweisung riskiert hatte. Danach fand sie die nächste Standhaftigkeit leichter, bis es ihr nicht mehr schwerfiel, ihre Meinung und Stimmung zu vertreten. Es dauerte ein paar Jahre des Neinsagens in unentschiedenen Situationen, aber dann gelang es ihr ohne Gewissensbisse.

Wenn sich jemand von Ihnen Geld borgen will und Sie nicht sicher sind, lehnen Sie es in der Hälfte der Fälle ab, nur um das Neinsagen zu üben. Ebenso sollten Sie verfahren, wenn Sie gebeten werden, Kinder zu hüten, Ihren Wagen zu verleihen, Ihr Werkzeug oder ein Kleidungsstück zu benützen, Besorgungen zu erledigen oder in diese oder jene Aufführung zu gehen.

Natürlich sollten Sie keine Neinsage-Probeläufe veranstalten, wenn es sich um wichtige Dinge dreht. Das wäre eine selbstzerstörerische Praxis. Wenn Sie sich in ein bestimmtes Haus verliebt haben und Ihre Familie dafür ist, ist nicht der richtige Zeitpunkt, um Neinsagen zu üben. Oder wenn jemand von Ihnen eine Gefälligkeit verlangt, die dem anderen wichtig ist, wäre es auch vernünftig und anständig, sie zu gewähren, wenn es möglich ist. Schließlich gehört geben und nehmen zum menschlichen Zusammenleben, macht das Leben angenehm und fördert die Freundschaften. Es wird Ihnen sicher gelingen, einen gesunden Mittelweg zu finden. Nicht alle Entscheidungen sind gut, weil andere davon profitieren. Gehen Sie Ihren Weg unbeirrt, aber nicht wie ein sturer Maulesel mit Scheuklappen.

Riskieren Sie etwas

Grundsätzlich betrachtet ist jede Selbstbehauptung ein Risiko. In dem Augenblick, in dem man auf die Füße getreten wird und sich gegen diesen Übergriff wehrt, riskiert man Gegenwehr und Erniedrigung, die Kündigung des Jobs oder die Zurückweisung eines geliebten Menschen. Es kann immer ernste Folgen haben, wenn man jemandem etwas verwehrt, was diesem wichtig ist.

Genau das geschieht, wenn Sie Ihre Wünsche vertreten oder aussprechen, und das macht diese Haltung so kitzelig. Für die eigene Überzeugung einzutreten, gehört zu den schwierigsten Aufgaben aller menschlichen Bemühungen.
Wenn Sie sich auf die Hinterbeine stellen wollen, müssen Sie sich innerlich auf Risiken vorbereiten. Das sagt sich so leicht, aber ich versichere Ihnen nach meinen langjährigen Erfahrungen als klinischer Psychologe, daß das Giganten auf die Knie zwingt, Männer an sich verzweifeln läßt und Frauen zum Weinen bringt.
Im folgenden finden Sie einige Lektionen unserer Selbstbehauptungsschule, die Sie studieren sollten – in Taten und nicht nur Worten – sofern sie in Ihre Lebensumstände passen.

1. Bitten Sie um eine Gehaltserhöhung, wenn Sie meinen, daß Ihnen eine zusteht

Sichern Sie sich aber zuvor eine andere Position, auf die Sie zurückgreifen können, falls Ihr Vorstoß schief geht. Dann können Sie Ihrem Chef erklären, daß Sie eine bessere Stelle in Aussicht haben, falls er Ihren Gehaltswunsch abschlägt. Wälzen Sie diese Vorstellung aber nicht im Kopf hin und her, sondern ergreifen Sie die Initiative. Riskieren Sie etwas und verschaffen Sie sich entweder den finanziellen Zuschlag oder einen besseren Job.

2. Weigern Sie sich, Erniedrigungen einzustecken, selbst wenn Sie damit Ihre Ehe aufs Spiel setzen

Als Jerry seine leeren Bierdosen überall im Haus trotz Mabels wiederholter Bitten, und obgleich sie oft hinter ihm herräumte, nicht einsammeln wollte, hatte sie die Nase voll. Sie beschloß, keine einzige leere Dose mehr anzufassen, selbst wenn sie sich allmählich bis zur Decke auftürmten und Jerry wütend wurde. Mabel hatte Erfolg, nachdem sie drei Wochen lang über Bierdosen gestiegen waren. Jerry explodierte nicht, sondern wurde nur ungehalten, als er merkte, daß sie nicht hinter ihm saubermachte. Sie nahm ein Risiko auf sich und gewann, womit sich ihr Wohlbefinden erhöhte.

3. Bestrafen Sie unreife Reaktionen auf Strafen

Das ist besonders heikel, weil es emotional hoch hergeht, wenn Sie den anderen bestrafen. Seien Sie auf der Hut, wenn Sie einen Mitmenschen ein zweites Mal frustrieren, weil er die erste Strafe nicht akzeptiert.

Morris wollte den neuen Wagen nicht kaufen, den Dolores sich unbedingt in den Kopf gesetzt hatte. Um während eines Streits ihren verletzten Gefühlen und ihrem Ärger Nachdruck zu verleihen, zerdepperte sie ein ganzes Service auf dem Küchenboden. Sie erwartete, Morris würde wenigstens Mitleid mit ihr haben und die Scherben einsammeln helfen, wenn er ihr schon das Auto verweigerte, doch das tat er nicht. Das Geschirr zerschmeißen war infantiles Theater, das entmutigt und nicht belohnt gehört. Die Küche blieb einige Tage durcheinander, weil sie partout nicht aufräumen und kochen wollte. Er ging mit den Kindern auswärts essen und überstand einige einsame Nächte im Bett. Die Ehe durchlief eine Zerreißprobe, aber er gab nicht auf. Als sich die Gemüter beruhigt hatten, räumte sie die Küche auf und begegnete Ihrem Mann mit neuem Respekt. Sie probierte es nie wieder mit diesem Trick.

4. Seien Sie wagemutig

Brechen Sie einige Richtlinien und stellen Sie eigene Regeln auf. Wissen Sie, wie Aristoteles Onassis den Grundstock zu seinem Vermögen legte? Er wartete drei Wochen lang vor dem Büro eines einflußreichen Mannes, ehe er vorgelassen wurde. Die Sekretärin erklärte ihm, sein Warten sei vergeblich, denn er würde nie einen Termin mit dem Chef bekommen. Doch Onassis war entschlossen. Er nahm es in Kauf, sich lächerlich zu machen oder mit Gewalt hinausgeworfen zu werden, blieb aber unverrückbar stehen. Seine Belohnung war ein Leben in Macht und Reichtum.

Psychologische Sklaven tragen Fesseln im Gehirn anstatt an ihren Knöcheln. Sie zu zerbrechen kann sehr schmerzhaft sein. Doch das Risiko lohnt sich oft und wird durch den nachfolgenden Gewinn mehr als aufgewogen.

Offene Gespräche im Bett

Eine der wichtigsten Gelegenheiten, sich und seine Vorlieben offen auszudrücken, ist im Bett. Viel zu viele Menschen sind mit ihrem Sexualleben unglücklich, weil sie es nicht schaffen, sich bei der körperlichen Liebe zu behaupten. Vielleicht haben Sie Angst, der oder die Partner/in findet Sie grobschlächtig, wenn Sie andeuten, welche Zärtlichkeiten Sie mögen. Haben Sie keine Angst. Wenn Sie es nicht sagen, woher soll der Partner es wissen? Er kann doch keine Gedanken lesen. Sollte er oder Sie wegen Ihrer Offenheit schockiert sein, ist das sein Problem. Das schlimmste, was Ihnen passieren kann, ist seine oder ihre Weigerung.

Wenn Sie eine bestimmte Position bevorzugen, wünschen Sie sie von Zeit zu Zeit. Schließlich soll Sex doch Spaß machen, oder? Wenn Sie Ihre Wünsche nicht mitteilen und für ihre angemessene Befriedigung sorgen, werden Sie nicht viel Freude an Ihrem Liebesleben haben. Manche Männer mögen sexy Worte während des Liebesspiels, manche haben gern das Licht an. Manche Frauen haben gern ein langes Vorspiel, andere kommen schnell. So lange es zu Ihrem Genuß beiträgt, ohne den Partner zu stören, sollten Sie in regelmäßigen Abständen darauf bestehen, daß auf Ihre Vorlieben eingegangen wird. Nur dann werden Sie insgesamt befriedigt sein und Sex mit Ihrem Partner genießen.

Häufig bleiben die Frauen unbefriedigt zurück. Auf ihnen lastet noch die Tradition von Jahrhunderten, als die Männerwelt ihnen sexuelle Lust absprach und sie selbst nichts davon wußten und auch nicht zu fragen wagten. Heute ist zwar der Wissensstand bei beiden Geschlechtern vorhanden, aber Frauen haben noch immer Hemmungen, im Bett aktiv zu werden, weil sie auf Unverständnis der Partner stoßen oder von ihnen als unweiblich und forsch empfunden werden. Also fügen sie sich lieber und lassen seine Sexualpraktiken über sich ergehen.

Die eigentliche Vereinigung finden viele Frauen nicht so toll und bringt manche nicht zum Orgasmus. Was sie wollen, ist viel schmusen, Körperkontakt ohne Penetration, Streicheln und Reizung der Klitoris. Das soll lang dauern und von zärtlichen Worten

begleitet sein. Allmählich steigert sich dann ihre Erregung bis zum Höhepunkt.
Viele Frauen finden es auch abscheulich, wenn die Männer es eilig haben und anschließend aus dem Bett springen oder sich umdrehen und schlafen. Sie wollen von der Zärtlichkeit weiter getragen werden bis hin zu weiteren Orgasmen. Wenn der Mann fertig ist, ist sie es häufig noch nicht.

Nicht auf die ideale Zeit und Lösung warten

Sie werden kaum den Status eines reifen und selbstsicheren Erwachsenen erreichen, wenn Sie Ihre Selbstbehauptungsbestrebungen auf den besten Zeitpunkt und die ideale Gelegenheit verschieben. Auf dieses günstige Zusammentreffen können Sie lange warten. Und doch ist gerade diese ausweichende Rationalisierung weit verbreitet und hält die Passiven davon ab, für ihre eigenen Interessen einzutreten.

Bert, der Zauderer

Eines Tages wurde ich von einem Mann angerufen, der sich über seine unmögliche Frau beschwerte. Gerade hatte sie in einem Wutanfall den halben Garten verwüstet. Er hatte ihr unzählige Male gut zugeredet, aber wenn sie frustriert wurde, reagierte sie unweigerlich wie ein verzogenes Kind. Bert fragte sich, was er mit so einer Ehe anfangen sollte.
Ich empfahl ihm am Telefon, mit seiner Frau in eine Beratung zu kommen, um auszuloten, woher die gravierenden Probleme zwischen ihnen kamen. Mir war schon klar, daß sie sich so aufführte, weil er es zuließ oder unterstützte.
Seine erste Reaktion auf meinen Vorschlag war, mich am Apparat um Geduld zu bitten, bis er ins Nebenzimmer gegangen war und seine Frau gefragt hatte, ob sie mitkommen wollte. Haben Sie dafür Worte? Der Bursche war mit seiner Frau unzufrieden und unsicher, ob er noch mit ihr zusammenleben wollte, fand es aber angebracht, bei ihr anzufragen, ob sie Hilfe wolle.

»Fragen Sie sie nicht«, drang ich in ihn, »ordnen Sie es an. Sagen Sie ihr, wenn sie nicht mitmacht, gebe es ernste Konsequenzen.«
»Aber jetzt ist vielleicht kein günstiger Zeitpunkt, um sie unter Druck zu setzen«, protestierte er.
»Schon möglich, aber wenn Sie auf bessere Zeiten warten, ehe Sie die Initiative ergreifen, fordern Sie Ihre Mitmenschen förmlich dazu auf, Sie zu manipulieren und auf Ihnen herumzutrampeln. Gehen Sie jetzt zu Ihrer Frau und erklären Sie ihr, Sie haben für sie einen Termin für cin Beratungsgespräch gemacht, und wenn ihr etwas an der Ehe liegt, wird sie einverstanden sein. Wenn nicht, dann stehen Ihnen drastische Aktionen bevor.«
»Ach, ich weiß nicht. Angenommen es klappt nicht. Ich will mich ja nicht von ihr scheiden lassen. Wäre es nicht besser, die Sache mit ihr noch einmal zu besprechen, bis ich sicher bin, das Richtige zu tun?«
Und so ging es weiter, bis deutlich war, daß er zu keiner Handlung bereit war und eventuell nie sein würde. Es gibt Zeiten, in denen es ratsamer ist, etwas zu tun als nichts zu tun. Da wir aber nie sicher sein können, den günstigsten Zeitpunkt zu erwischen, sollte jede Gelegenheit beim Schopf ergriffen werden, anstatt auf die nächste zu warten.
Bert hatte einmal mit seiner Frau Streit, während sie zu einer Party fuhren. Sie wurde über irgend etwas wütend und befahl, umzukehren, sonst würde sie heimlaufen. Da haben wir ihn schon wieder – den Moment der Entscheidung, der Wahrheit. War der Zeitpunkt jetzt günstig, ihr beizubringen, sich gefälligst zu beherrschen? War es wirklich klug, den Wagen anzuhalten, sie aussteigen zu lassen, wie sie gefordert hatte, und allein zur Party weiterzufahren?
Wer weiß? Wenn es nicht gerade schneit und sie zwanzig Kilometer von zu Hause weg ist, ist jetzt vielleicht ein ebenso guter Zeitpunkt wie sonstwann. Oder vielleicht führt so ein Vorgehen auch geradewegs vor den Scheidungsrichter.
Hier eine Entscheidung zu treffen ist selbst unter günstigen Voraussetzungen äußerst kitzlig. Und doch empfehle ich, lieber einzugreifen, denn auch bei ungewissem Ausgang ist das besser,

als die Hände in den Schoß legen. Das Zaudern macht nur noch unsicherer und ungemütlich. Da erscheint es mir allemal sinnvoller zu sein, den gesunden Menschenverstand zu benützen, die Chancen auszurechnen und etwas Wagemutiges zu unternehmen, wenn die zahmeren Mittel nicht gefruchtet haben.
Es gibt keine einzig richtige, perfekte Lösung unserer Probleme. Verschieben Sie Ihre Entscheidung also nicht auf jenen Moment überirdischer Klarheit und Sicherheit, bis Sie die Initiative ergreifen. Auf den werden Sie lange warten.

Stellen Sie Ihre Überzeugungen auf die Probe

Wenn Sie auf ein Problem stoßen, das eine Untersuchung Ihrer angestammten Wertvorstellungen erfordert, darf es Sie nicht überraschen, diese Neubewertung so schwierig zu finden, daß Sie lieber klein beigeben, als Ihre Lebensphilosophie in Frage zu stellen. Nichts ist schwerer, als liebgewordene Überzeugungen über Bord zu werfen. Ich will Ihnen das Dilemma an Hand von drei Musterbeispielen vorführen, wo Menschen es fertig brachten, von ihren inneren Überzeugungen abzugehen, weil ihr Verstand ihnen handfeste Gründe lieferte, und die sehr von dieser Selbstüberwindung profitierten.

Hans und sein angeheiterter Teenager

Eines Tages mußte Hans erleben, daß seine vierzehnjährige Tochter mit einer Alkoholfahne nach Hause kam, was ihn und seine Frau sehr schockierte. Was sollten sie nur machen? Sie hielten die übliche Gardinenpredigt und bestraften sie mit Ausgangsbeschränkung, hatten aber dabei das Gefühl, mit diesen Maßnahmen nicht genügend Eindruck auf das Mädchen zu machen. Sie besprachen die Sache und kamen beide auf die gleiche Idee: die Eltern der Freundinnen anzurufen, die Polizei einzuschalten und schließlich das älteste Mädchen, die Anstifterin, wegen Mitwirkung zur Straffälligkeit von Minderjährigen anzuzeigen.

Doch nun befanden sie sich in der Zwickmühle. Die Freundinnen der Tochter anschwärzen, das macht man doch nicht! Damit verpetzt man doch gleichzeitig das eigene Kind. Es konnte mit den anderen auf dem Polizeirevier landen. Sie schluckten ein paarmal heftig und rafften sich dann auf, die Eltern und die Polizei zu benachrichtigen und das unliebsame Geschehen aufzudecken. Einige unangenehme Wochen handelten sie sich damit ein, aber die Tochter und ihre Freundinnen waren genügend ernüchtert und geheilt. Die über sie hereingebrochene Strafe ließ sie so schnell nicht wieder in Versuchung kommen.

Martins Zwiespalt

Das zweite Beispiel betrifft Martin, einen gut geratenen, sehr ehrgeizigen jungen Mann, der mit Pauline fest ging. Ihr Wunsch war es, zu heiraten und eine Familie zu gründen, anstatt aufs College zu gehen. Seine Pläne waren gerade umgekehrt. Sein Verstand riet ihm, mit dem Mädchen Schluß zu machen und die Ausbildung an die erste Stelle seiner Prioritäten zu setzen, aber seine ethischen Prinzipien sprachen dagegen, jemand über Bord zu werfen, nur weil er oder sie nicht in seine Pläne paßte. Sie so zurückzuweisen und ihre Gefühle zu verletzen, hätte bei ihm ein sehr schlechtes Gewissen verursacht.

Je länger Martin über den Zwiespalt nachdachte und sich mit den Mustern menschlichen Verhaltens beschäftigte, desto mutiger wurde er, frühere Prinzipien in Frage zu stellen. Er gewann die Überzeugung, daß Pauline die Enttäuschung überwinden würde und er für eine eventuelle Störung bei ihr nicht direkt verantwortlich gemacht werden könne. Die Störungen brocken sich die Menschen eigenhändig ein, nicht etwa die Mitmenschen, und deshalb brauchte er auch keine Schuldgefühle zu produzieren; zu dieser Schlußfolgerung gelangte er bei seiner Analyse.

Dann erkannte er, daß er mit Pauline nicht glücklich sein konnte, wenn er nicht zuerst seine Ausbildung vorantrieb. Er war ja auch ein Mensch, der zählte. Warum sollte er sein Wohlergehen nicht ebenso im Auge haben wie ihres? Hätte ihre Liebe genügend Tiefgang, dann würde sie auch die Jahre überleben, die er auf

dem College verbrachte. Wenn nicht, dann war jetzt die passende Gelegenheit, dahinterzukommen.
Genau so war es. Sie konnte es nicht abwarten und heiratete einen anderen, nachdem er zwei Jahre das College besuchte. Er bestand die Abschlußprüfung und ging einige Jahre später eine glückliche Ehe ein.

Die freigiebige Susi

Mein drittes leuchtendes Beispiel ist Susi, eine Frau in mittleren Jahren, der eingetrichtert worden war, es sei der Gipfel der Unhöflichkeit, ihre Gäste nicht fürstlich zu bewirten. Als Ergebnis hatte sie fast allabendlich ein halbes Dutzend Gäste und wurde sie kaum vor halb elf oder elf Uhr los. Zu allem Überfluß klingelte ihr Telefon unaufhörlich, und ihre Freunde und Freundinnen wollten mit ihr schwatzen und hielten sie von ihrer Arbeit ab.
Eines Tages wuchsen ihre Frustrationen über das erträgliche Maß hinaus und ihre hochgeschätzten Prinzipien zerbröckelten. Sie hatte die Nase voll und sagte das auch und handelte entsprechend. Sie tat das mit vollendetem Takt, aber sie wehrte sich tatkräftig gegen die Schmarotzer. Was sie an gesellschaftlichem Umtrieb verlor, gewann sie an Ruhe und Frieden, was ihr sehr gut tat, ebenso wie ihr Stolz auf die Selbstbehauptung.

Programmieren Sie die Veränderung

Ein gestreßter Vater beklagte sich bei mir, wie schwierig es sei, seine heranwachsende Tochter zum Gehorsam zu bewegen. Sie war ein sehr intelligentes, aber auch eigensinniges Mädchen. Seine Frau war vor einem Jahr gestorben, und er hatte alle Hände voll zu tun, um sich von der Tochter nicht unterbuttern zu lassen. Ich analysierte sein Problem. Seine Tochter war nicht zu bändigen, weil er zwei Dinge unterließ, die seine väterlichen Erziehungsbemühungen wirksam werden ließen. Zum einen machte er dem Mädchen nicht klar, was routinemäßig von diesem erwartet

wurde. Er kanzelte sie endlos ab, wenn sie sich falsch benahm, aber das ödete sie nur an. Und zweitens warnte er sie nicht, was für Konsequenzen es haben würde, wenn sie ihre Aufgaben vernachlässigte, zu spät heimkam usw.
Wir beschlossen, der Einprägsamkeit halber die erwarteten Dienste und Handlungen aufzulisten und ihnen die Strafen gegenüberzustellen. Auf diese Weise gab es keine Mißverständnisse, was er wünschte und was für Konsequenzen die Nichtachtung dieser Wünsche nach sich ziehen würde. Zu unserer nächsten Sitzung kam er mit der folgenden Aufstellung und fragte, ob sie gut und klug sei.

Aufgaben	
Montag	Wäsche wegbringen
Dienstag	Für Müllabfuhr sorgen
Mittwoch	Hof reinigen
Donnerstag	Veranda kehren
Freitag	Nötige Gartenarbeit
Sonnabend	Garage aufräumen

Fehlverhalten	**Konsequenzen**
Zu spät zu den Mahlzeiten kommen	Kein Essen
Ungehorsam	Kein Fernsehen
Hund vernachlässigen	Hund wird abgeschafft
Unordentliches Zimmer	Im Schlafsack schlafen
Zu spät in die Schule kommen	Spielverbot am Nachmittag
Aufgaben vernachlässigen	Taschengeldsperre

Als ich mit dem Mädchen sprach, nachdem es diese Liste ausgehändigt bekommen hatte, konnte es vor lauter Wut kaum sprechen. »Wie konnten Sie meinen Vater dazu bringen, eine solche Liste aufzustellen? Er läßt mich jeden Tag arbeiten, und wenn ich es ihm nicht recht mache, kann er es mir richtig zeigen. Ich habe keine Freiheit mehr. Ich wollte, meine Mutter wäre wieder bei uns.«

Diese Frustration ist nur zu verständlich. So viel Festigkeit war ihr noch nie begegnet, und sie ängstigte und erschreckte sie. Trotzdem brauchte sie geordnete häusliche Verhältnisse, um zu wissen, wonach sie sich richten konnte. Ihr Vater war nicht sicher, ob er das Richtige tat, aber ich versicherte ihm, er sei auf dem rechten Weg. Seine Erwartungen waren weder übertrieben noch unvernünftig. Er hatte sie zu Papier gebracht, damit es keine Mißverständnisse oder Streitigkeiten darüber gab, was er wollte und was sie zu erwarten hatte. Und wenn er dieses Manifest mit Taten untermauerte, wie er versprach, dann bestand die begründete Hoffnung, daß er gegenüber seiner Tochter mehr Standhaftigkeit an den Tag legen würde.

In der Vergangenheit war er häufig böse auf sie gewesen, hatte sie gescholten und sogar gelegentlich geschlagen. Das hatte wenig genützt. Seine Aggression war nicht das, was sie brauchte, sondern eine feste Hand. Die aber hatte sie bisher nicht erlebt, sondern ersteres.

Obgleich sie sich mit Händen und Füßen gegen das neue System sträubte, verbesserte sich ihre Beziehung allmählich während der ersten vier Wochen. Zwar kam es zu vielen Streitigkeiten zwischen Vater und Tochter, aber seine Festigkeit und das Programmpapier begannen zu wirken. Sie haßte ihn, da sie ihn nicht mehr manipulieren konnte, aber sie lernte schnell, daß sie Pech hatte, wenn sie nicht rechtzeitig zum Essen erschien. Mehr Aufhebens wurde nicht gemacht.

Sie kämpfte wie eine Wildkatze, mußte aber schließlich einlenken und hatte mehr Respekt für ihren Vater.

Der Zustand ziemlicher Zufriedenheit

Ich habe den Begriff der ziemlichen Zufriedenheit (ZZ) geprägt, um den Punkt zu markieren, der angestrebt werden muß, wenn eine Beziehung blühen und gedeihen soll, nämlich den, wo die Partner sich sagen können, soweit recht zufrieden mit ihrem Leben zu sein. Beide können lange Zeit glücklich und in Frieden zusammenleben, wenn sie diese Ebene erreicht haben. Vielleicht wollen sie aus der Beziehung noch mehr Vorteile und Erfüllung ziehen, aber daran können sie ohne Streß arbeiten. Jedenfalls funktioniert eine Ehe oder eine Freundschaft oder ein Arbeitsverhältnis gut, wenn die Beteiligten mit sich und ihrer Welt zufrieden sind und sich nicht benachteiligt fühlen.

Es mag Ihnen selbstsüchtig und gewissenlos erscheinen, das eigene Wohlbefinden so wichtig zu nehmen. Sie haben ihr Leben lang beigebracht bekommen, daß Liebe nur auf dem Nährboden von persönlichen Opfern und Verzicht eigener Wünsche gedeiht und daß für den oder die Geliebten keine Dienstleistung zuviel ist. Das soll angeblich wahre Liebe sein.

Bis zu einem bestimmten Punkt trifft das auch zu. Ihre Partner/rinnen, Vorgesetzten oder Freunde werden Ihnen nicht lange zugetan sein, wenn Sie seine oder ihre Wünsche häufig übergehen. Es ist Ihre Aufgabe in einer Partnerschaft, mit in Betracht zu ziehen, was dem anderen wichtig ist, und für dessen Verwirklichung zu sorgen. Doch wie weit soll dieses Entgegenkommen gehen? In der Vergangenheit galt als anständig, dem anderen bis zur Selbstaufgabe zu dienen. Je mehr man für den anderen tat, desto mehr Liebe würde man von ihm empfangen, so war die allgemein akzeptierte Lehrmeinung.

Ein gravierender Irrtum. Es ist Ihre Pflicht, dem Partner das Leben angenehm zu machen, bis er seinen Zustand ziemlicher Zufriedenheit erreicht hat. Gleichzeitig ist es seine oder ihre Pflicht, für Ihre angemessene Zufriedenheit zu sorgen. Wenn Sie beide nach diesem Prinzip verfahren, werden Sie sich in der Praxis meistens und oft gleichzeitig gefällig sein und gefallen.

Die beste Möglichkeit, in jeder Beziehung das Glück heimisch zu machen, ist, für die Befriedigung der eigenen Interessen ebenso zu sorgen wie für die des anderen. Sie glauben doch nicht im Ernst, daß andere sich für Ihre Interessen einsetzen, wenn Sie es versäumen? Das mag alle Jubeljahre geschehen – vielleicht weil Ihre Interessen die von anderen berühren –, aber die Menschen sind keine Heiligen.

Um eine marode Beziehung zu verbessern, ist Ihnen vielleicht daran gelegen, von Ihrem Partner mehr Achtung zu gewinnen, und daraus kann sich dann mehr Liebe und Zuneigung ergeben. Eine sichere Methode, Respekt zu erringen, ist, dem Partner zu zeigen, daß Ihre Wünsche und Bedürfnisse wichtig sind und eine gebührende Rolle spielen müssen. Tatsache ist, daß Ihre Wünsche und Bedürfnisse ebenso bedeutsam sind wie die Ihres Partners. Mehr Befriedigung verlangen Sie nicht, aber in der Regel bescheiden Sie sich auch nicht mit weniger. Es mag Zeiten geben, in denen Sie nicht so glücklich sind wie Ihr/e Partner/in. Das ist der Lauf der Welt. Wenn Sie aber ein chronisch unzufriedenes Dasein fristen, weil Sie es dauernd Ihren Lieben, Nachbarn oder Kollegen recht machen wollen, dann haben Sie nicht nur das Recht, sondern die ausgesprochene Pflicht, Ihre Interessen zu wahren. Der Respekt Ihres Partners steht auf dem Spiel und damit die ganze Beziehung. Rücken Sie Ihre Wünsche so viel und so lange in den Vordergrund, bis Sie den Zustand ziemlicher Zufriedenheit mit Ihren Umständen erreicht haben.

Die Dinge können sich allerdings drastisch verschlechtern, ehe der Punkt bei Ihnen erzielt ist. Niemand läßt sich zu Veränderungen gern bewegen, besonders wenn dabei Privilegien verloren gehen. Doch das darf Sie nicht kümmern. Wenn Ihnen Ihr Wohlbefinden nicht jetzt am Herzen liegt, verlängern Sie nur Ihre

Leidenszeit, bis Sie zu mehr Zufriedenheit gelangen. Und falls Sie sich nicht zur Selbstbehauptung aufraffen können, stehen die Chancen gut, daß Sie krank werden oder die Beziehung aufgeben und sich aus dem Staub machen.

Huberts Überdruß

Hubert hat es noch nicht erkannt, aber er ist dabei, keinen Wert mehr auf die Liebe zu seiner Frau zu legen. Sie setzt so oft auf seine Kosten ihren Kopf durch, daß ihm seine Memmenhaftigkeit zusetzt, daß er seine Frau wegen ihrer Selbstsüchtigkeit allmählich verabscheut und daß ihm die Ehe zunehmend als Bürde erscheint, die ihn niederdrückt.

»Was erwarten Sie von Ihrer Frau? Was müßte sie tun, um Sie glücklich zu machen?« wollte ich wissen.

»Ich würde vor Freude in die Luft springen, wenn sie auf einen meiner Vorschläge mit Vergnügen einginge. Sie hat an allem etwas auszusetzen, was ich anschneide. Ich schlage eine kleine Reise vor, und sie meint, wir könnten uns dabei verletzen. Ich finde, das Haus könnte einen neuen Anstrich vertragen, aber sie hält das für zu teuer. Jede meiner Ideen hat in ihren Augen einen Fehler.«

»Was geschieht dann?«

»Wir verreisen also nicht und malen das Haus nicht und geben keine Party oder tun sonstwas. Wir hocken nur herum und sehen Fern. Am Sonnabend gehen wir nicht ins Kino, weil ja auch kein Film im Fernsehen läuft. Und wenn, dann genehmigen wir uns eine Tüte Popcorn während der Vorstellung. Umwerfend, was?«

»Was würde passieren, wenn Sie eine Reise unternähmen, das Haus renovierten oder ins Kino gingen, und zwar immer allein, wenn sie mit ihren Einwänden kommt?«

»Sie würde über mich herfallen, ich sei selbstsüchtig und kümmere mich nicht um sie. Sie würde mir vorhalten, ich dächte nur an mich, aber eine Ehe sei doch eine Sache auf Gegenseitigkeit.«

»Da hat sie recht. Eine Ehe funktioniert besser, wenn beide Partner ziemlich zufrieden sind. Warum ergreifen Sie dann nicht die Initiative und unternehmen das, was zu Ihrem Glück beitragen würde?«

»Weil ich damit meine Ehe in Gefahr bringen würde. Ich liebe meine Frau und will nicht, daß meine Ehe schiefgeht.«
»Wenn das Ihre ehrliche Überzeugung ist, sollten Sie einiges dafür tun, um zufriedener zu werden, denn sonst stehen Sie eines nicht zu fernen Tages vor den Trümmern Ihrer Ehe. Sehen Sie nicht ein, daß in Ihrer Ehe keine Zukunft und keine Aussicht auf Glück liegt, wenn Sie Ihre Frau nicht zwingen, Ihnen ein zufriedenes Dasein zu ermöglichen?«
»Was wird aber dann passieren, wenn ich meine Wünsche auf ihre Kosten durchsetze?«
»Sie wird ein bißchen weniger zufrieden. Aber das braucht Sie nicht zu kümmern. Im Augenblick verschafft sie sich auf Ihre Kosten zu viel Befriedigung. Ich wette, sie ist mit dem gegenwärtigen Zustand recht einverstanden, oder?«
»Das können Sie zweimal sagen. Sie hat mir erst vor ein paar Tagen erklärt, daß alles genauso läuft, wie sie es sich immer vorgestellt hat.«
»Sehen Sie, was ich meine? Sie hat sich angestrengt, sich glücklich zu machen, und das verdient Bewunderung. Was sie nicht begriffen hat, ist, daß Sie beide mit dem Zusammenleben ziemlich zufrieden sein müssen, wenn die Partnerschaft Bestand haben soll. Deshalb müssen Sie sie unter Druck setzen und die notwendigen Änderungen in ihrem Verhalten bewirken, ob ihr das gerade paßt oder nicht. Und Sie dürfen mit Ihren Bestrebungen nicht eher aufhören, bis Sie mit den Umständen zufrieden sein können.«
»Was wird dann passieren?«
»Dann haben Sie die Pflicht, sie zu fragen, was Sie wegen der Vorteile empfindet, die Sie sich erkämpft haben. Ist auch sie ziemlich zufrieden, während Sie zufrieden sind? Wenn ja, dann haben Sie es geschafft. Wenn nicht, dann braucht sie vielleicht mehr Zeit, um Ihre Zielvorstellungen zu verstehen und zu unterstützen, oder aber sie hat dazu keine Lust und will lieber eine Trennung oder Scheidung.«
»Ist das meine einzige Möglichkeit?«
»Sie können unter vier Möglichkeiten wählen:

a. Sie verschaffen sich ein ziemlich zufriedenes Dasein um den Preis, sie zeitweilig zu frustrieren.
b. Sie geben den Kampf auf und verabschieden sich von der Vorstellung, zu Ihrem Recht zu kommen.
c. Sie tragen tatenlos zu ihrem Glück bei, während Sie immer kränker und elender werden.
d. Sie kämpfen um Ihr Glück wie besprochen, wobei Sie allerdings eine Scheidung riskieren.

Meiner Erfahrung nach ist es die beste Medizin für die Rettung einer Beziehung, die eigenen Rechte gegen alle Widerstände durchzuboxen.«

Bin ich auch fair?

Wir müssen uns in unserem Leben mit allen möglichen Zuständen abfinden, seien es Armut oder Überfluß, Hitze oder Kälte, freundliche oder schroffe Behandlung oder was sonst. Das trifft jeden, unbesehen der Person. Jedes Kind, das in unserer Welt aufwächst, wird unfaire Dinge erleben. Warum wollen sie sich wegen dieser Umstände großes Kopfzerbrechen machen, noch dazu, wenn Sie nicht sicher sind, ob Sie gerecht sind oder nicht? Fairneß als ein Ziel ist in Ordnung, aber ein bißchen Ungerechtigkeit ist auch keine Katastrophe, sondern ein Wechselfall des Lebens, den ein Kind ebenso wie ein Erwachsener schlucken muß. Je eher ein Kind lernt, daß ihm keine Extrawurst gebraten wird, desto besser ist es gegen Rücksichtslosigkeit gewappnet, die ihm später mit Sicherheit bei einigen Mitmenschen begegnet.

Ulla und die aufmüpfigen Kinder

Als sich eine junge Mutter über die Schwierigkeiten mit ihren Kindern beschwerte, hielt sie sich nicht für pädagogisch ungeeignet. Sie fand es nur dann schwer, sich durchzusetzen, wenn die Kinder ihr die Anschuldigung an den Kopf warfen, sie sei unfair. Sie bekam dann unweigerlich Schuldgefühle, mit denen sie nur schlecht umgehen konnte. Sie wollte gerecht sein und kein Kind vorziehen. Der leiseste Verdacht, gerade das zu tun, ließ sie zur Untätigkeit erstarren. Sie wollte von mir wissen, ob und was sie dagegen unternehmen konnte.

Ich riet ihr, beim nächsten Vorwurf der Ungerechtigkeit sollte sie darüber nachdenken, ob das zutraf, aber nur ein paar Minuten. Wenn sie zu dem Schluß kam, daß ihr Verlangen unfair für ein Kind war, sollte sie zurückstecken. Wenn sie aber noch immer nicht sicher war, etwas Unfaires zu verlangen, sollte sie wie beabsichtigt weitermachen und sich nicht darum kümmern, ob es nun wirklich gerecht war oder nicht. Ich gab ihr folgendes zu bedenken:

Sie kann niemals völlig überzeugt sein, absolut gerecht zu sein, auch nicht bei angestrengten Bemühungen. Bestenfalls kann sie das Für und Wider erwägen und dann handeln. Manchmal ist es wichtiger, etwas zu tun, als absolut sicher zu sein, daß es richtig ist.

Wenn sie Regeln aufstellt, die vielleicht unfair sind, bekommt sie wenigstens etwas Feedback auf ihr Verlangen. Legt sie indessen die Hände in den Schoß, hat sie auch keine Chance, festzustellen, ob sie gerecht ist oder nicht. Manchmal muß man seine Pläne einfach weiter verfolgen und abwarten, was sie bringen, ehe man weiß, ob sie anständig und angemessen sind.

Schließlich ist es für ein Kind nicht der Weltuntergang, wenn es unter einem bißchen Ungerechtigkeit zu leiden hat. Im Gegenteil, die Konditionierung gehört als wichtiges Element zum Heranwachsen. Wir leben ja in einer ungerechten Welt, und ohne Gewöhnung an ein gewißes Maß Unfairneß wird das Kind es später sehr schwer haben. Was würde passieren, wenn Ihr Kind ohne Kontakt mit Gemeinheit, Kleinlichkeit und Habgier anderer Menschen erzogen worden wäre? Wie soll ein solcher Erwachsener fern vom Elternhaus mit den Mitmenschen fertigwerden? Das kann ich Ihnen genau sagen: So ein verwöhntes Kind wird völlig desillusioniert, deprimiert und von Ängsten verfolgt sein, weil es sich plötzlich in einer grausamen Umwelt wiederfindet, die keine Rücksicht auf seine Gefühle nimmt.

Analyse von Anschuldigungen

Gehören Sie zu den zahlreichen Menschen, die sich leicht durch Vorwürfe und Beschuldigungen anderer manipulieren lassen? Wirft Ihr Partner Ihnen vor, zu viel Geld auszugeben, reagieren Sie dann unbesehen mit mehr Sparsamkeit? Wenn Sie das tun, überlassen Sie es ihm oder ihr, Ihr Leben zu beherrschen. Sie behaupten sich nicht, und Sie sagen und tun nicht, was Sie meinen und wollen.

Anderen Beschuldigungen an den Kopf zu werfen, kann eine ausgefeilte Technik sein, um sie von dem abzuhalten, dessen sie bezichtigt werden. Eine Frau, die an den Wochenenden nicht gern alleingelassen werden wollte, warf ihrem Mann wiederholt vor, er liebe sie nicht und wolle mit den Damen vom Golfplatz herumflirten. Ging er also nach solchen Verdächtigungen doch golfen, würde er seiner Meinung nach ihr zustimmen. Also blieb er zu Hause, um ihr zu beweisen, wie sehr sie sich irrte. Ihr Trick funktionierte. Sie hielt ihn keineswegs für lieblos, sondern eben an einer Sportart interessiert, die ihn tagelang von zu Hause fernhielt. Durch eine kleine List und Verdächtigungen schaffte sie spielend, was ihr durch den Befehl, daheimzubleiben, nie gelungen wäre. Der Mann war das Opfer einer Manipulation und aufgezwungener Schuldgefühle. Er hätte auf seine Frau sanfte Gewalt ausüben können, wären ihm die drei möglichen Handlungsweisen geläufig gewesen, um mit solchen Anschuldigungen fertigzuwerden.

1. Ob die Anschuldigung wahr oder falsch ist, hätte er sich einfach fragen können. Wäre sie zutreffend, müßte er weiterforschen, ob die ihm vorgeworfene Handlung akzeptabel oder anstößig ist. Angenommen er stimmt mit seiner Frau überein, daß er sie durch seine Abwesenheit jeden Sonnabend vernachlässigt, aber ihm liegt viel an den geselligen Kontakten auf dem Golfplatz. Seine vorrangige Pflicht sich selbst gegenüber wäre, ob er sich fair oder unfair verhält, seiner Neigung zu folgen.

So oder so besteht kein Anlaß zu Schuldgefühlen oder dazu, sich von seiner Frau kontrollieren zu lassen. Wenn er meint, sie sei von ihm zu sehr abhängig und müsse geschubst werden, um ihrerseits ein geselligeres Leben zu führen, könnte er seiner Frau zustimmen und sich sagen: »Ja, Liebes, ich vernachlässige dich an den Sonnabenden. Aber ich finde, du brauchst einen eigenen Freundeskreis. Es mag so aussehen, als sei ich lieblos, aber in Wirklichkeit geschieht das zu deinem Besten.« Auf diese Weise könnte er der Beschuldigung teilweise zustimmen, bräuchte sich aber weder schuldig zu fühlen noch seine Einstellung zu ändern.

2. Angenommen die Anschuldigung fände seine Zustimmung Muß er dann ein schlechtes Gewissen haben? Nein, das wäre noch immer überflüssig, aber er könnte sich ändern wollen. Dann würde er etwa folgendes zu sich sagen: »Mir war nicht klar, daß ich meine Frau vernachlässige. Mir kam nie der Gedanke, sie könne sich einsam fühlen. Ihr Vorwurf, ich sei gedankenlos, trifft mich. Kein Wunder, wenn sie deshalb an meiner Zuneigung zweifelt. Ich werde es dieses Wochenende ändern, aber ich halte mich nicht für einen schlechteren Menschen, weil ich rücksichtslos war. Jeder macht Fehler. Ich bin nicht vollkommen, und auch wenn ich mich sehr anstrenge, werde ich immer irgendetwas verkehrt machen.«

3. Ihre Anschuldigungen sind Unsinn bei näherem Nachdenken Dann wird er sie einfach vom Tisch fegen und sich sagen: »Was sie mir vorwirft ist nicht wahr, und ich gehe darüber hinweg. Ich habe sie hundertmal zum Mitkommen aufgefordert, aber sie lehnt es kategorisch ab. Das einzige Vergnügen, das ihr gefällt, ist Bridgespielen. Aber ich bin ein aktiver Mensch und brauche Betätigung. Mit den Damen flirte ich keineswegs, sondern ich bin eben freundlich, das ist alles. Wenn sie eifersüchtig ist, ist das ihr Problem, das sie selbst überwinden muß. Ich habe also nicht die Absicht, an dem einzigen Tag, an dem ich Golf spielen kann, zu Hause zu sitzen, wo ich doch an allen anderen Wochentagen bei ihr bleibe.«

Wenn Sie also eine mögliche Anschuldigung analysieren und die drei umrissenen Denkmodelle überlegen, werden Sie sicher richtig reagieren. Wenn Sie mehr über die Untersuchung von störenden emotionalen Faktoren und den vernünftigen Umgang mit Vorwürfen erfahren wollen, empfehle ich Ihnen mein Buch »Wer wird denn gleich in die Luft gehen« (ETB 20316).

Haben Sie einmal gelernt, den Wahrheitsgehalt von Vorwürfen und Beschimpfungen und ihren eigenen Standpunkt unter die Lupe zu nehmen, werden Sie überrascht sein, wie befreit Sie von Unterdrückungsmechanismen sind. Und wie leicht Ihnen die Selbstbehauptung fällt.

Zusammenfassung

Das eigene Leben nicht im Griff zu haben, ist wie ein schleichender Tod. Es ist eine der traurigsten Erfahrungen, die ein Mensch erleiden kann, wenn er nicht das beste aus sich macht und seine Talente auslebt. Das aber ist die unausweichliche Folge, wenn wir es anderen überlassen, über unser Leben im Kleinen oder Großen zu bestimmen. Wir führen dann kein eigenes, ursprüngliches Leben, wir entwickeln uns nicht nach unserem Rhythmus und nach unserer Bandbreite, und wir erleben unser kurzes Erdendasein nicht so lustvoll, wie es uns zusteht, während wir den Mitmenschen und unseren Liebsten unnötigen Kummer bereiten.
Ich wünsche Ihnen allen ein mutiges Herz, während Sie den mühsamen Weg der Selbstbehauptung beschreiten. Ihnen steht rechtmäßig mehr zu, als Sie jetzt denken. Es ist nicht Ihr Tun, wenn sich die Mitmenschen durch Ihre Selbstbehauptungsbestrebungen verstört und aufgescheucht fühlen. Sie tun sich ihre emotionalen Leiden selbst an.
Wenn Sie sich nicht auf die Hinterbeine stellen und die eigenen Interessen wahren, wenn Sie nicht für Ihre starken Wünsche und Bedürfnisse eintreten, die auf dem Spiel stehen, vergeuden Sie Ihr Leben und begeben sich in körperliche und seelische Sklaverei, die unweigerlich zu ernsthaften körperlichen und emotionalen Beschwerden führt.
Brust raus, Schultern gestrafft, Kopf hoch und lächeln! Zeigen Sie der Welt, was Ihnen wichtig ist.